Planche Iʳ. — Formation du coup d'œil.

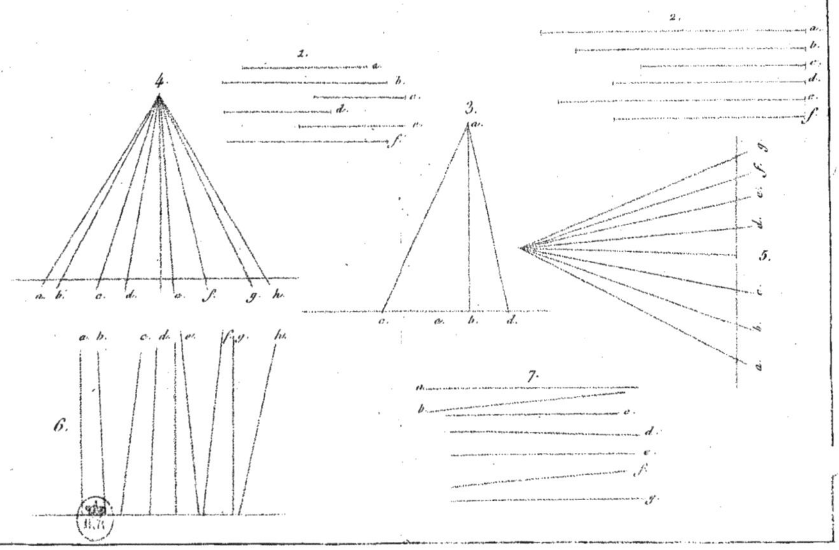

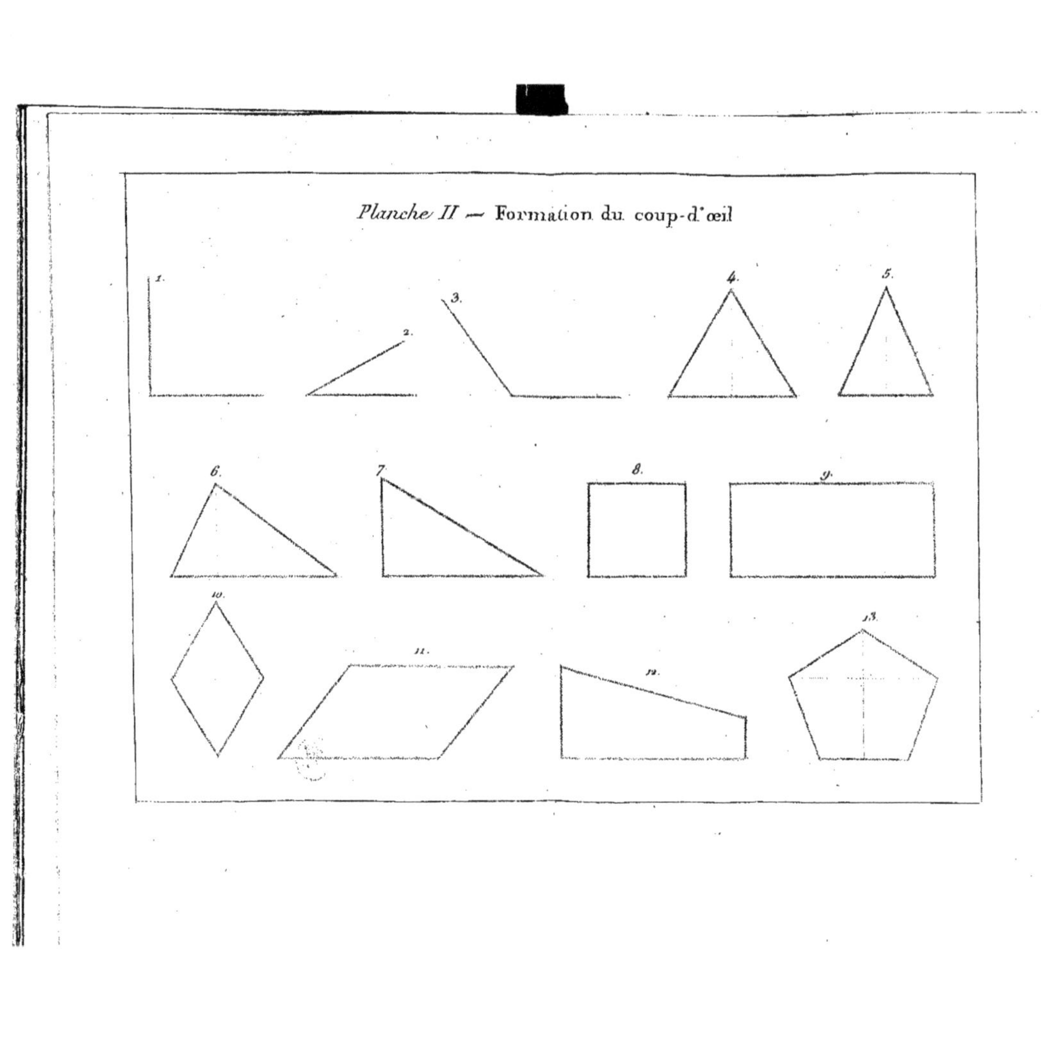
Planche II — Formation du coup-d'œil

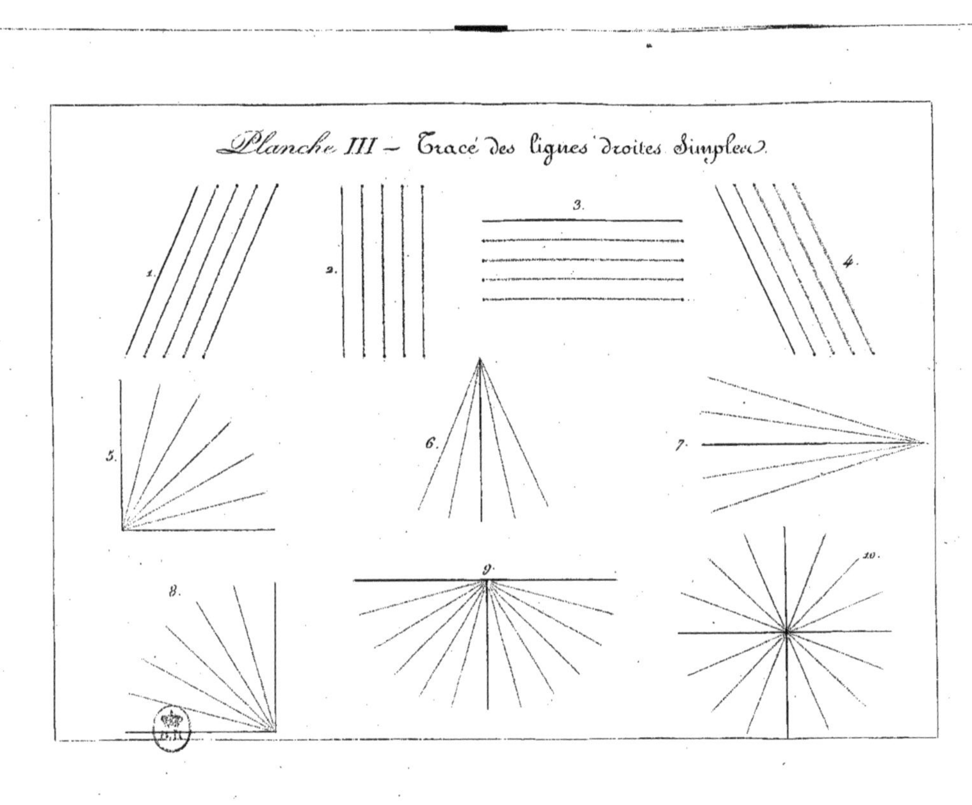

Planche III – Tracé des lignes droites Simples.
1.
2.
3.
4.
5.
6.
7.
8.
9.
10.

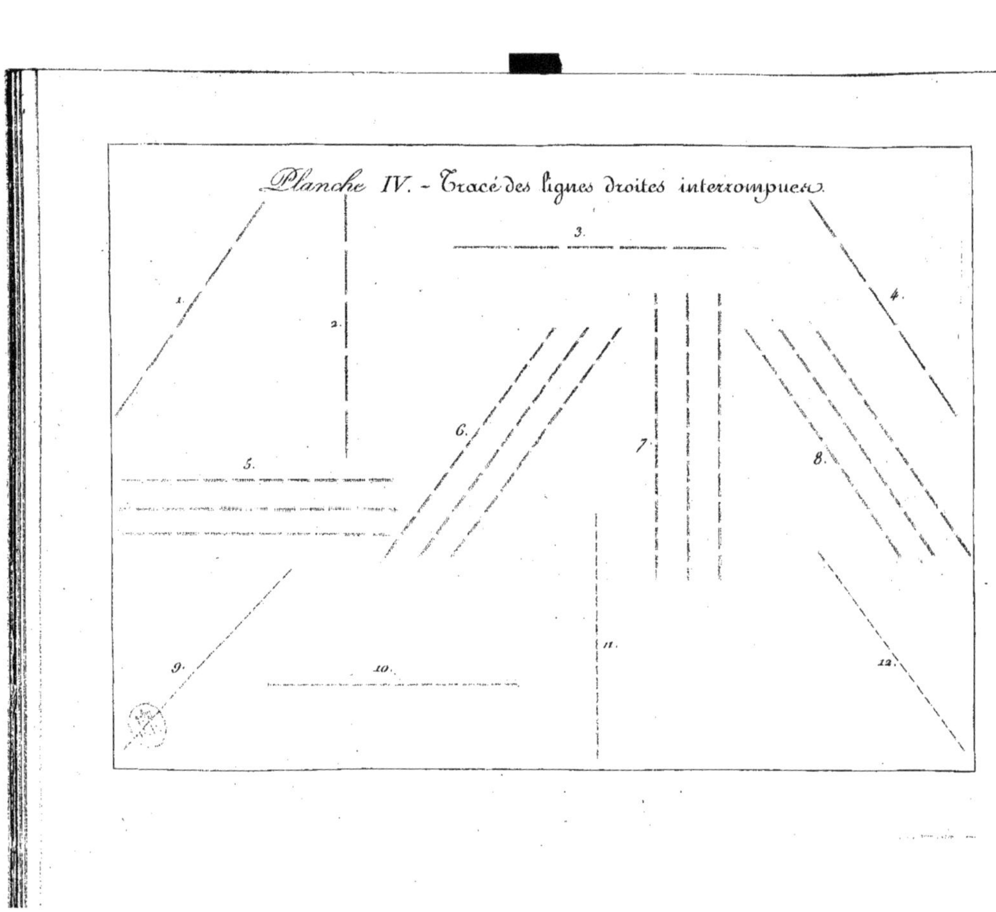

Planche IV. - Tracé des lignes droites interrompues.
1.
2.
3.
4.
5.
6.
7.
8.
9.
10.
11.
12.

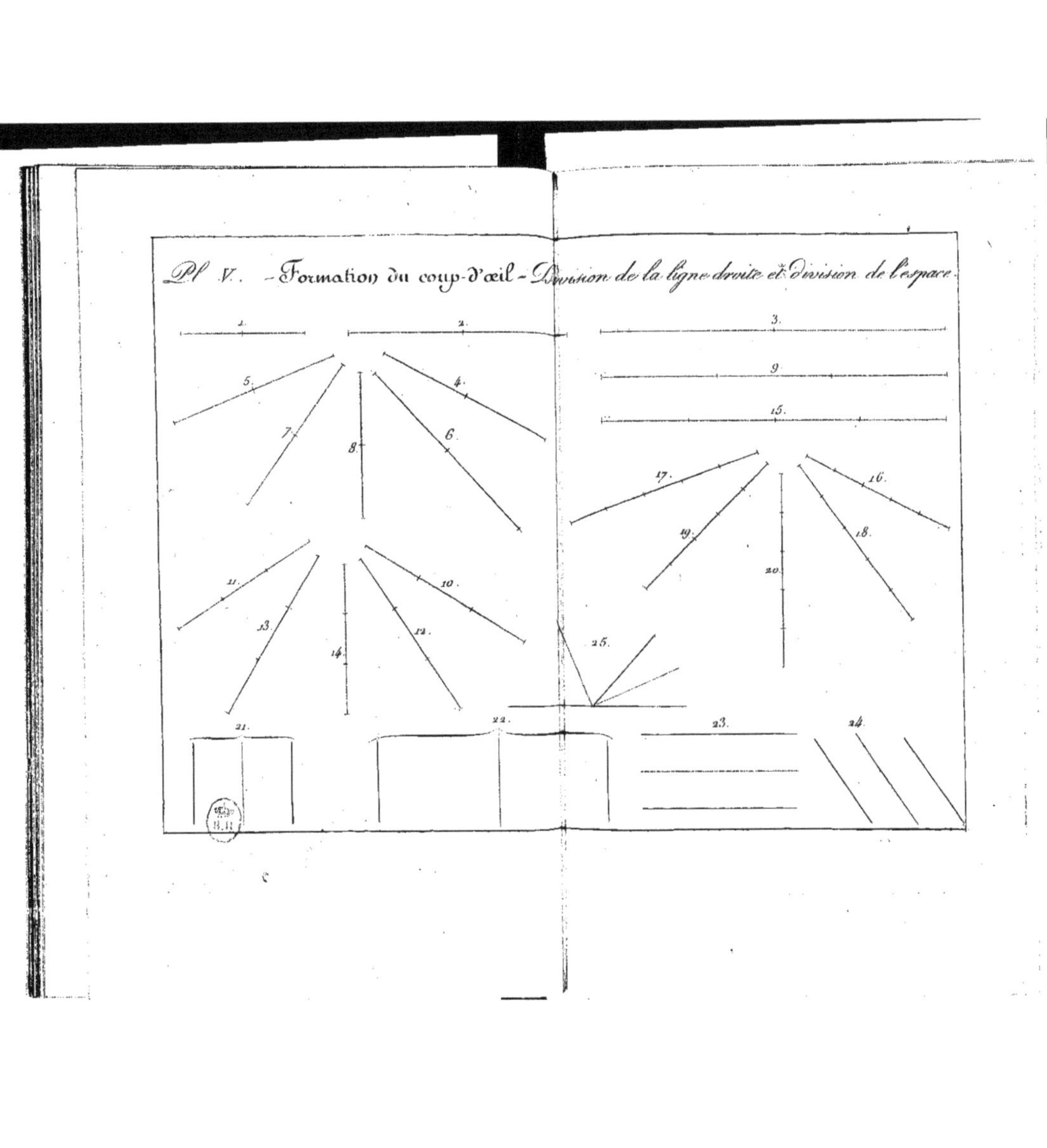

Pl. V. — Formation du coup-d'œil — Division de la ligne droite et division de l'espace.

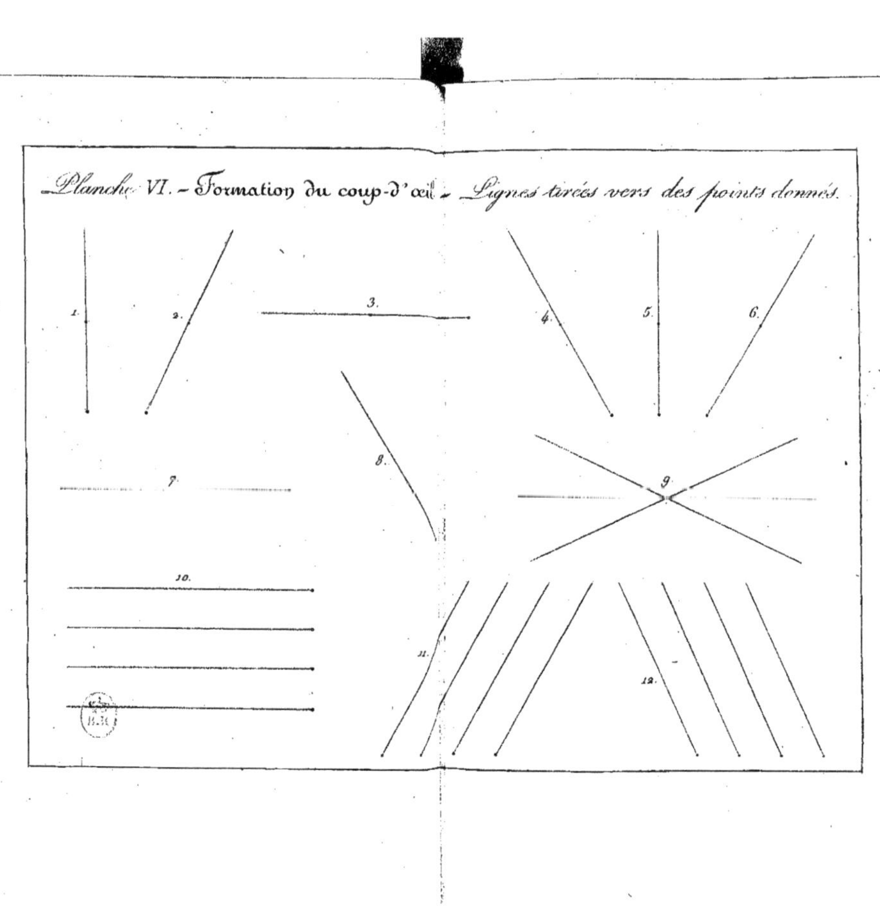

Planche VI. — Formation du coup-d'œil — Lignes tirées vers des points donnés.
1.   2.   3.   4.   5.   6.
7.   8.   9.
10.   11.   12.

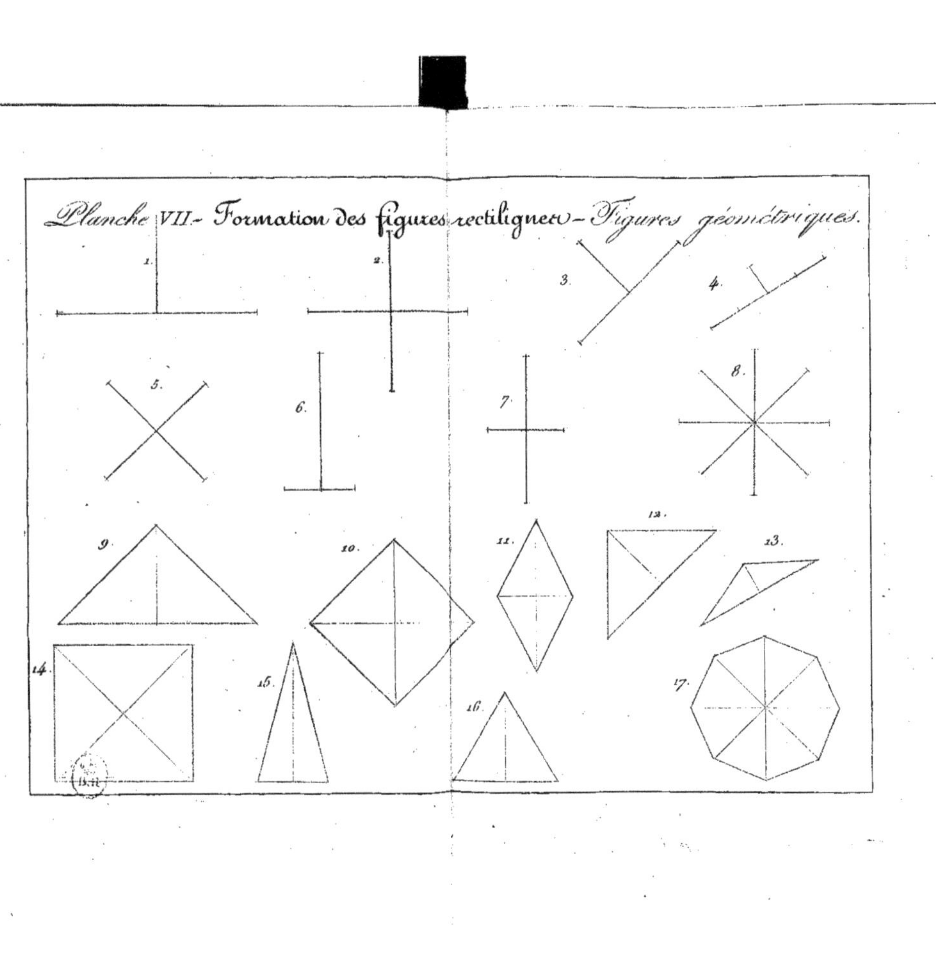

Planche VII.- Formation des figures rectilignes.- Figures géométriques.

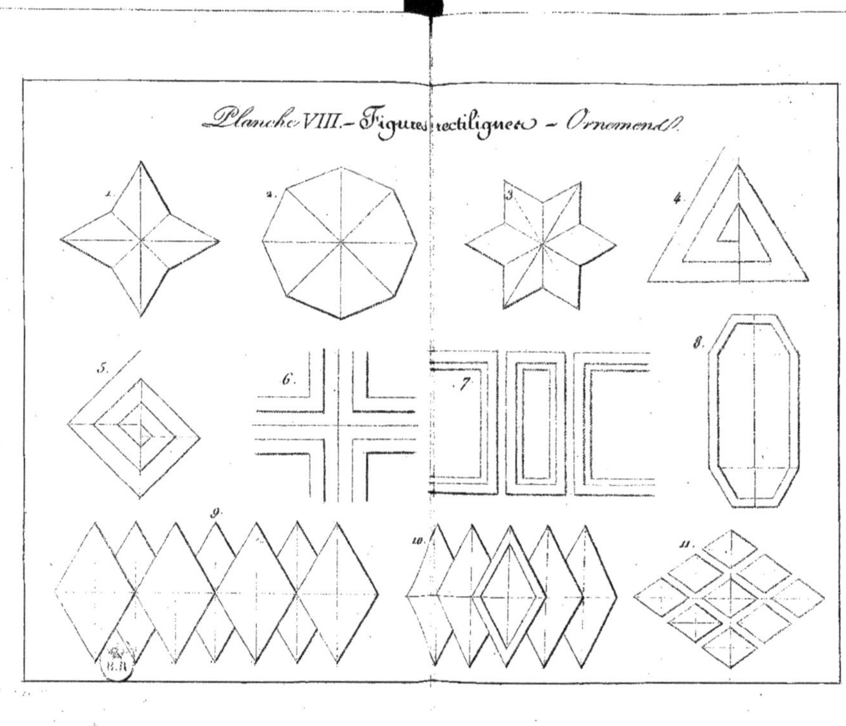

Planche VIII.—Figures rectilignes — Ornements.

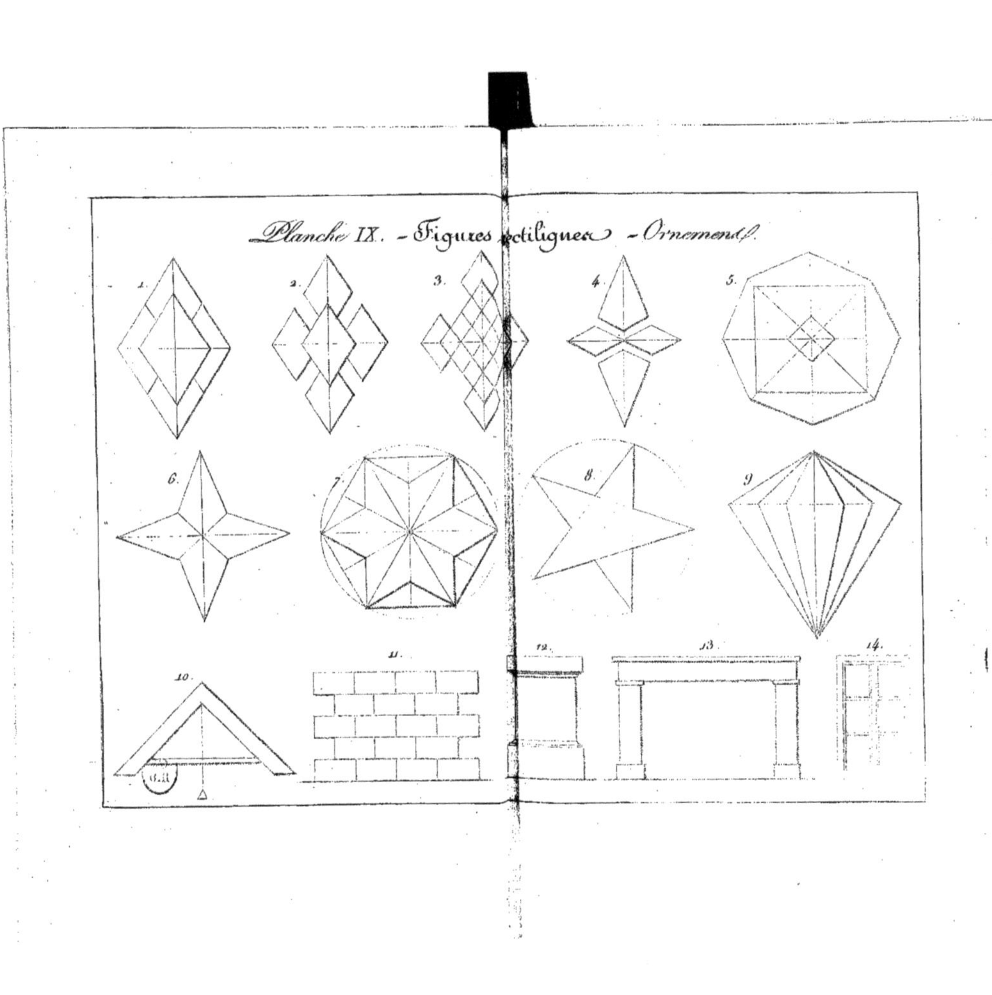

Planche IX. - Figures rectilignes - Ornements.
1.
2.
3.
4.
5.
6.
7.
8.
9.
10.
11.
12.
13.
14.

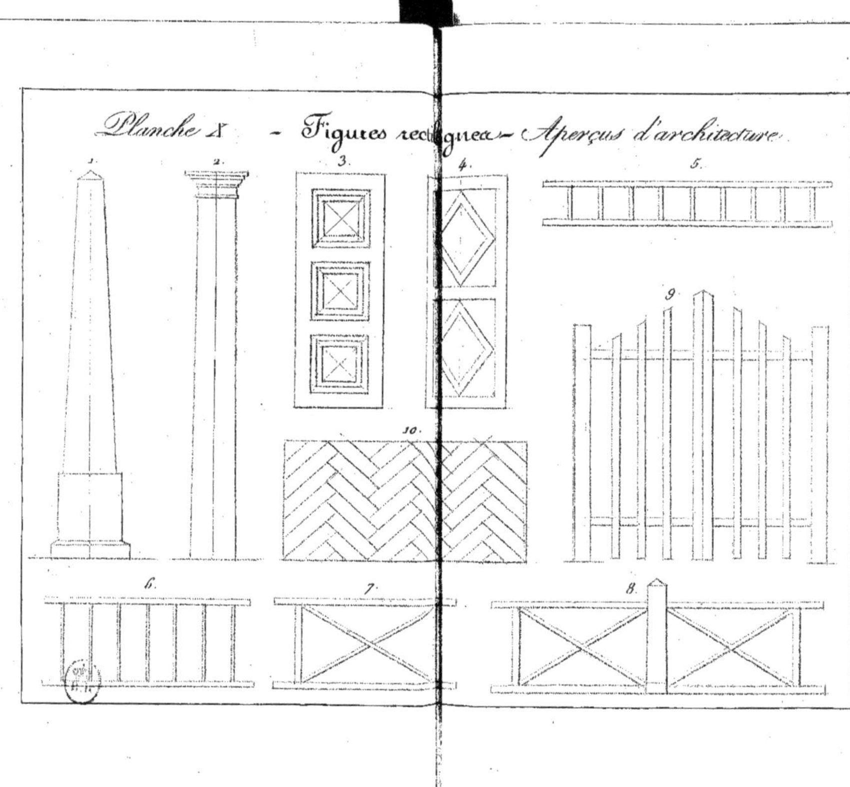
Planche X. - Figures rectilignea - Aperçus d'architecture.
1.
2.
3.
4.
5.
9.
10.
6.
7.
8.

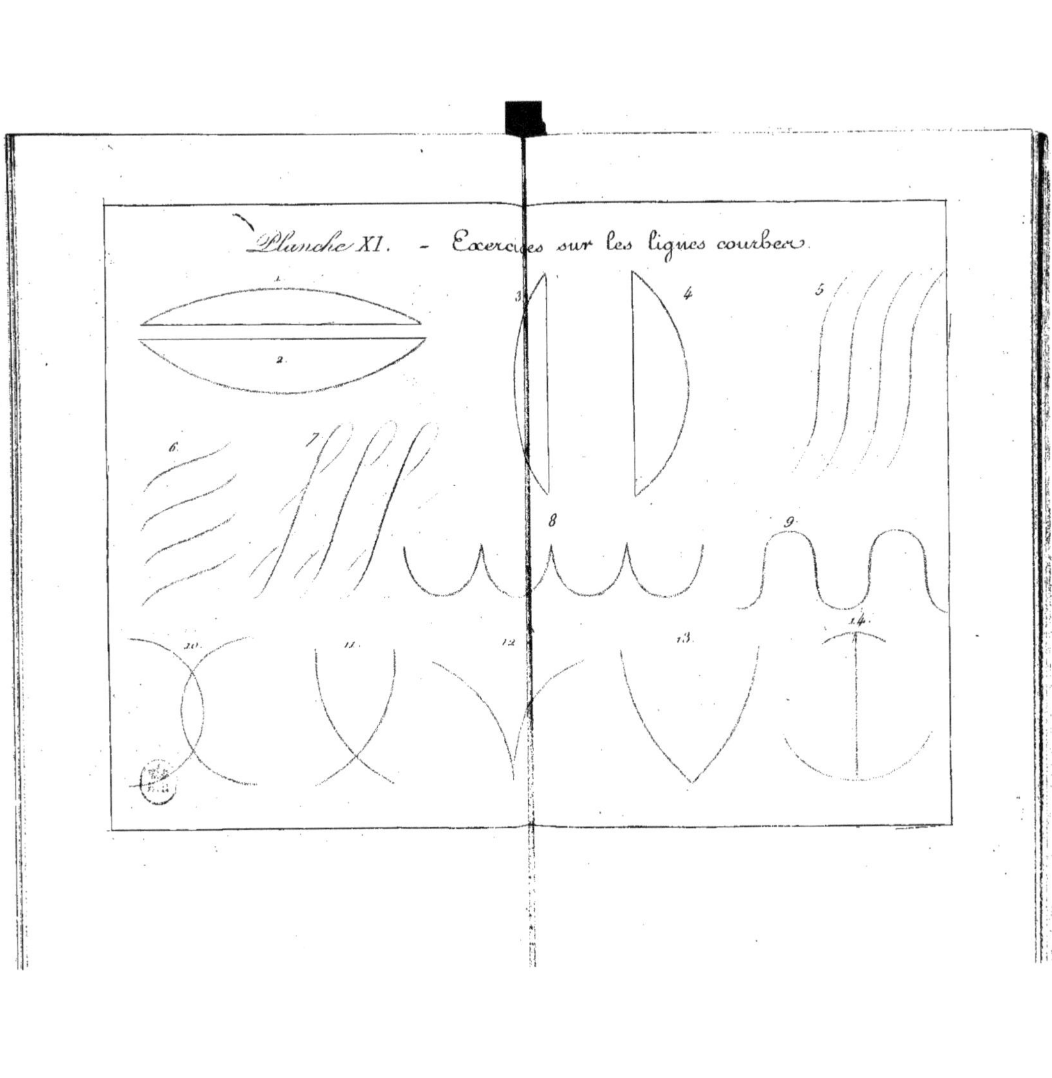
Planche XI. - Exercices sur les lignes courbes.

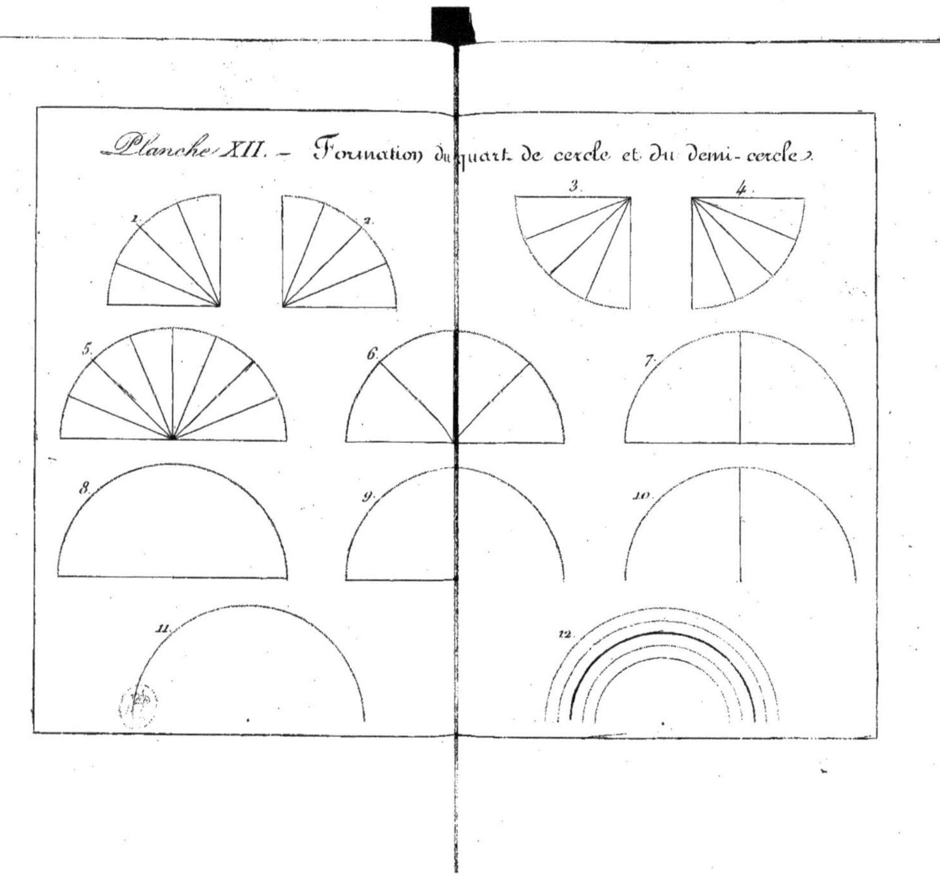

Planche XII. — Formation du quart de cercle et du demi-cercle.

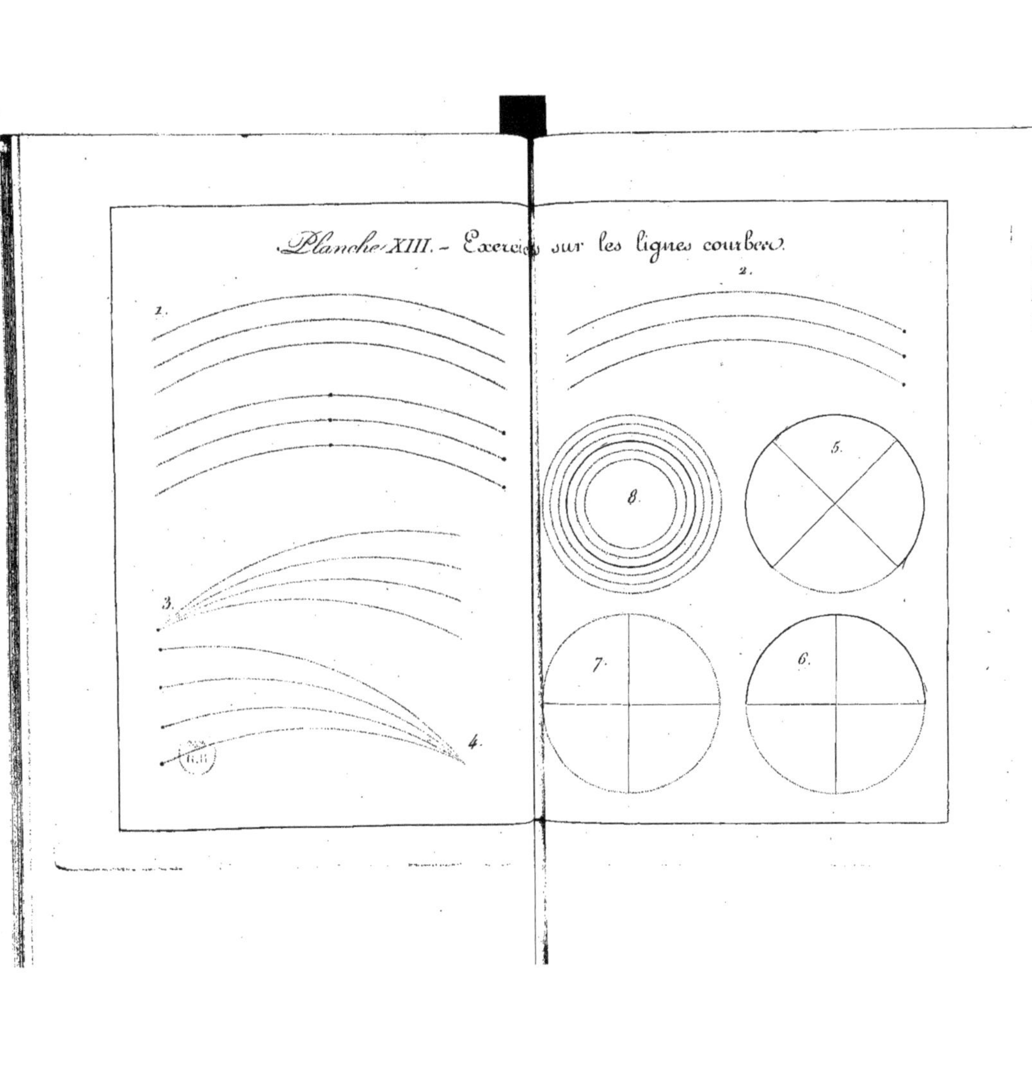

Planche XIII. - Exercices sur les lignes courbes.
1.
2.
3.
4.
5.
6.
7.
8.

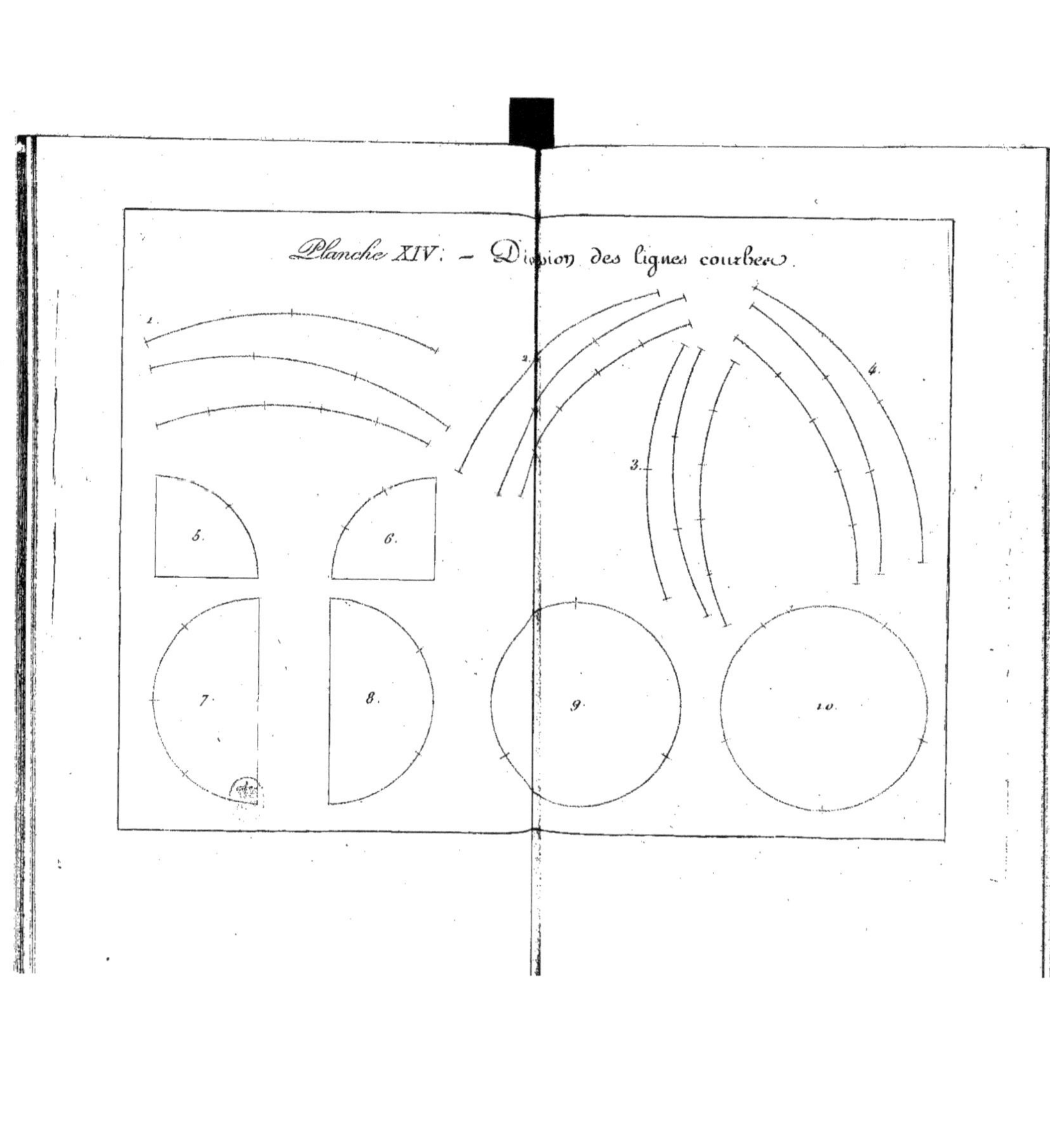

Planche XIV: — Division des lignes courbes.
1.
2.
3.
4.
5.
6.
7.
8.
9.
10.

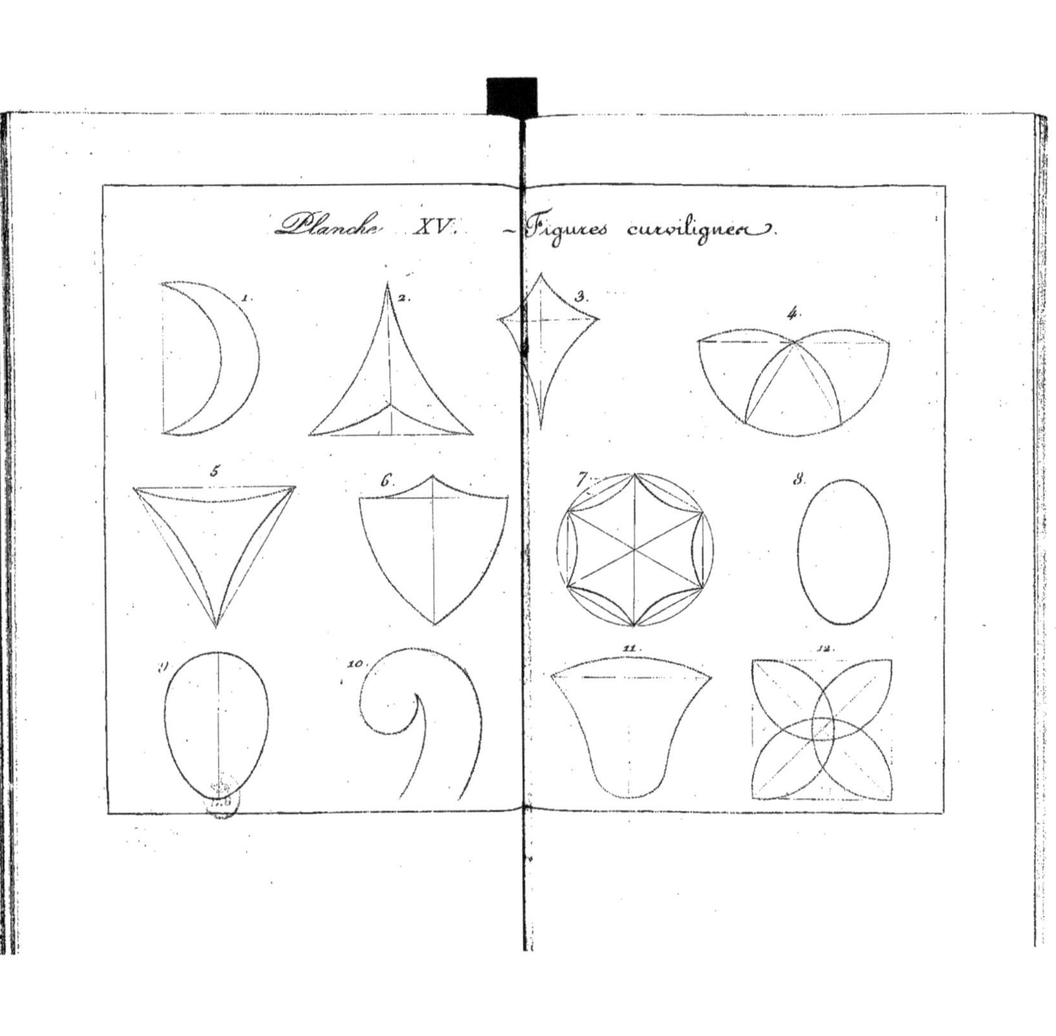

Planche XV. ~ Figures curvilignes.
1.
2.
3.
4.
5.
6.
7.
8.
9.
10.
11.
12.

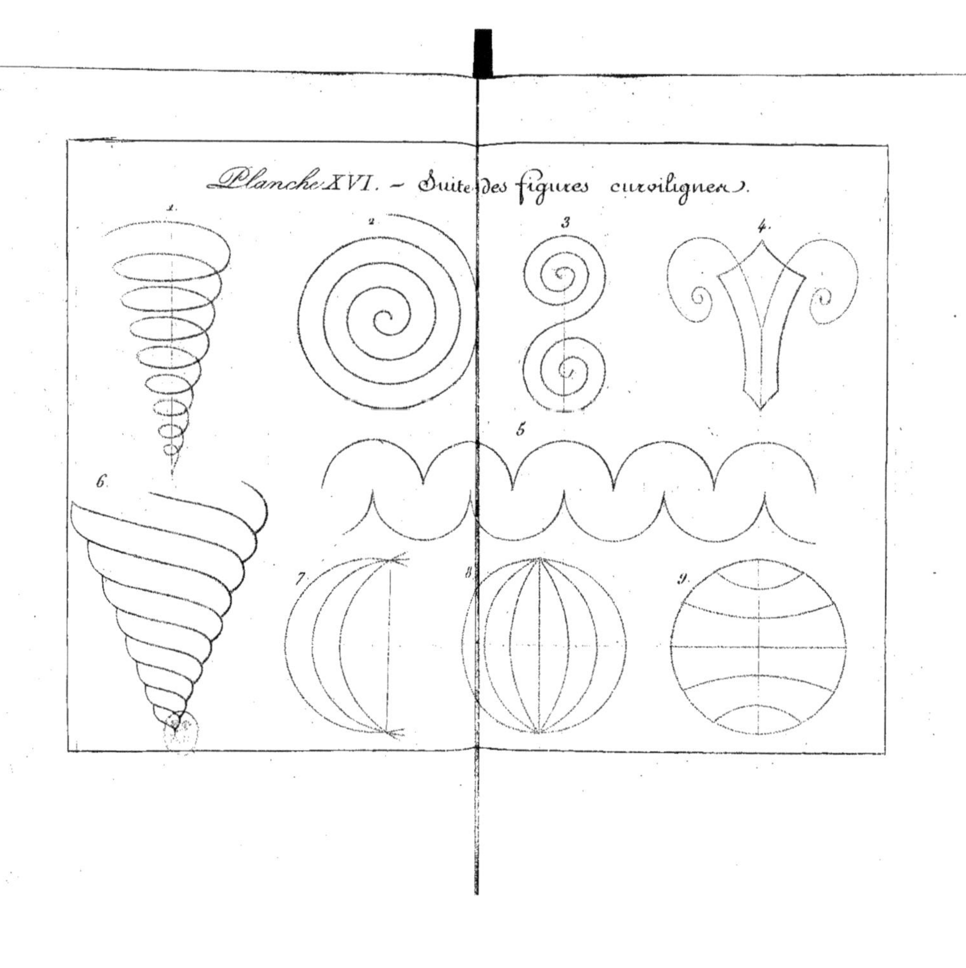

Planche XVI. — Suite des figures curvilignes.
1.
2.
3.
4.
5.
6.
7.
8.
9.

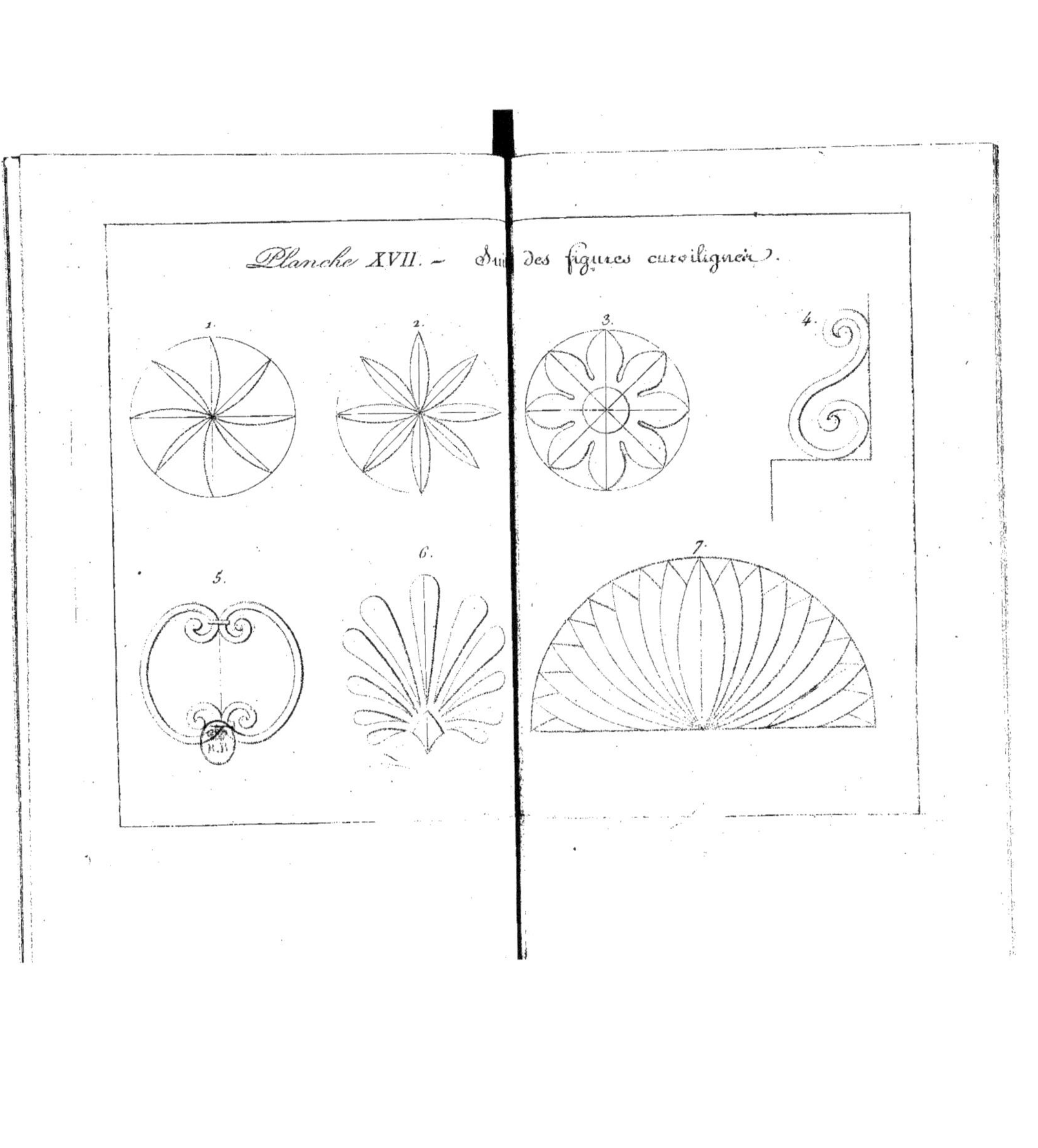

Planche XVII. — Suite des figures curvilignes.
1.
2.
3.
4.
5.
6.
7.

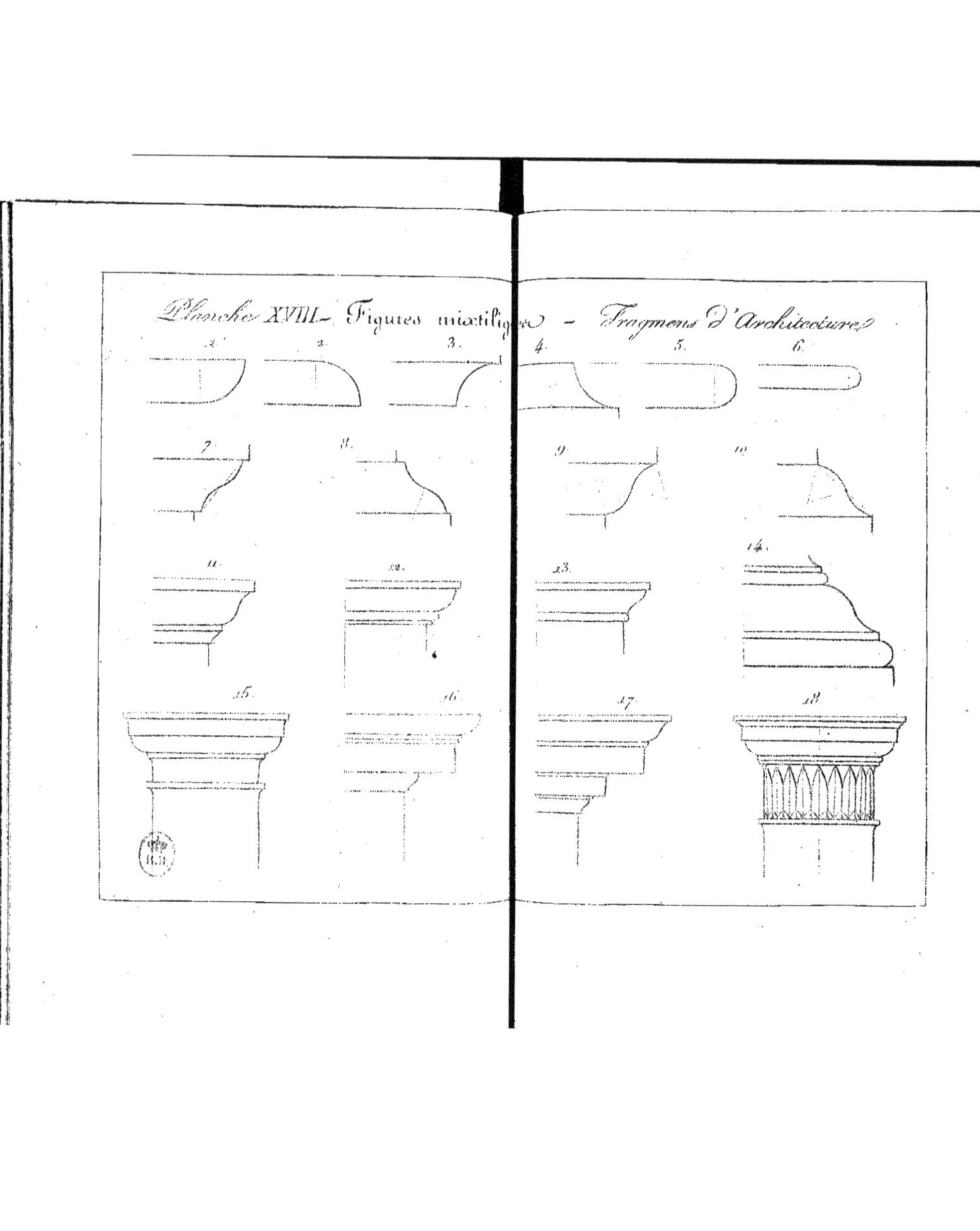
Planche XVIII. Figures mixtilignes — Fragmens d'Architecture.

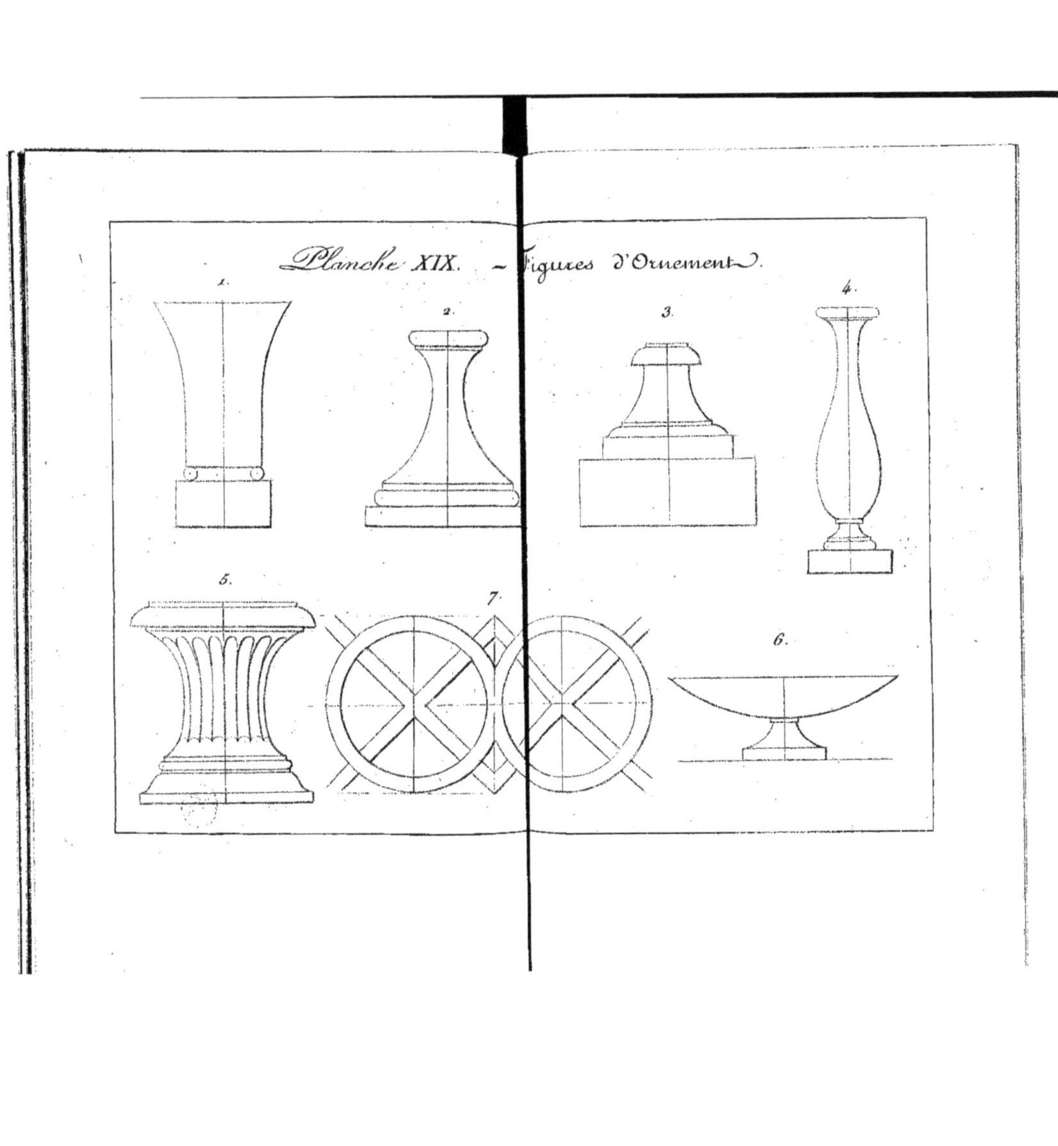

Planche XIX. — Figures d'Ornement.
1.
2.
3.
4.
5.
7.
6.

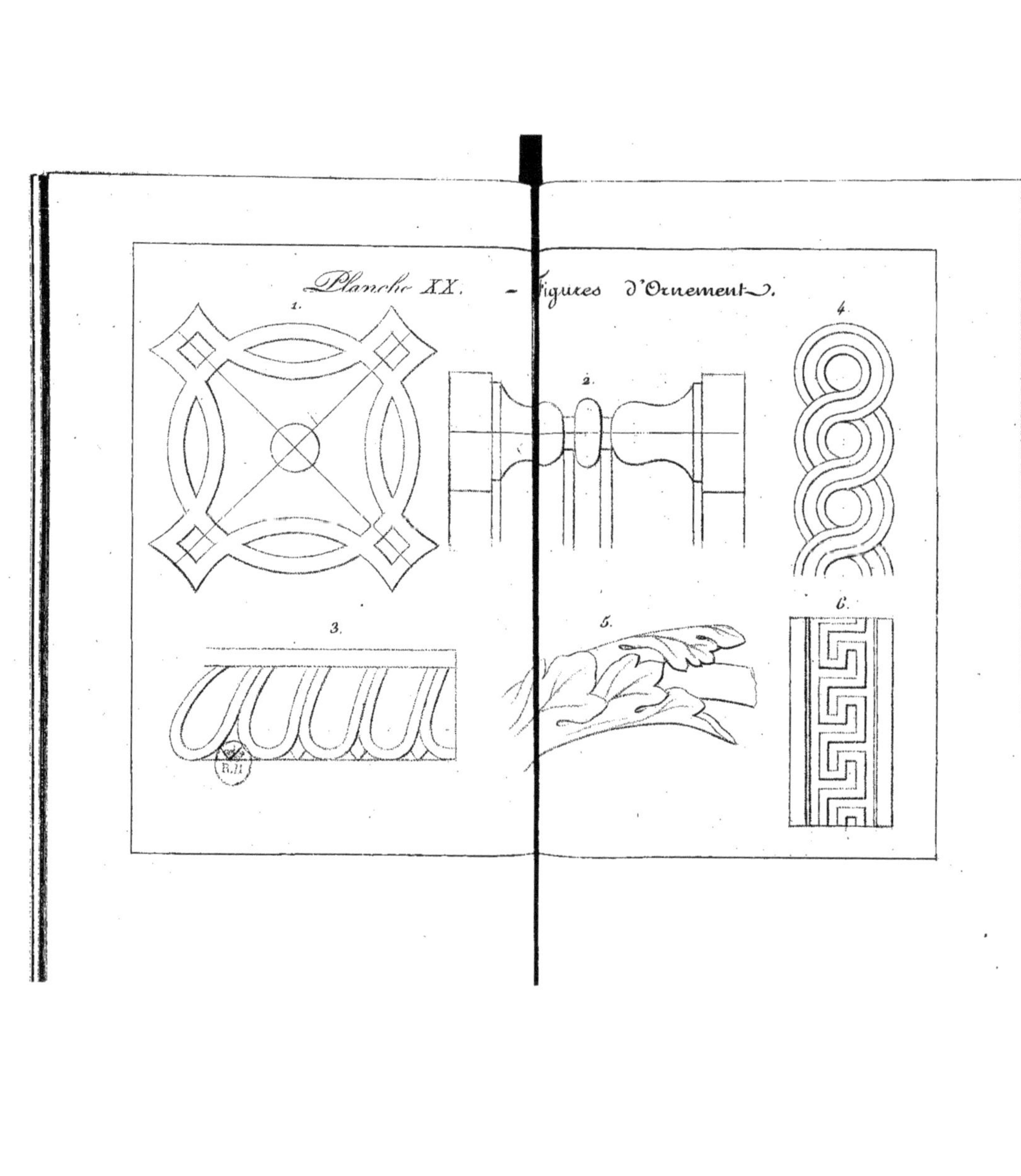

Planche XX. — Figures d'Ornement.
1.
2.
3.
4.
5.
6.

Planche XXI. — Spécimen de figures curvilignes et mixtilignes construites par les élèves avec un nombre donné de lignes.

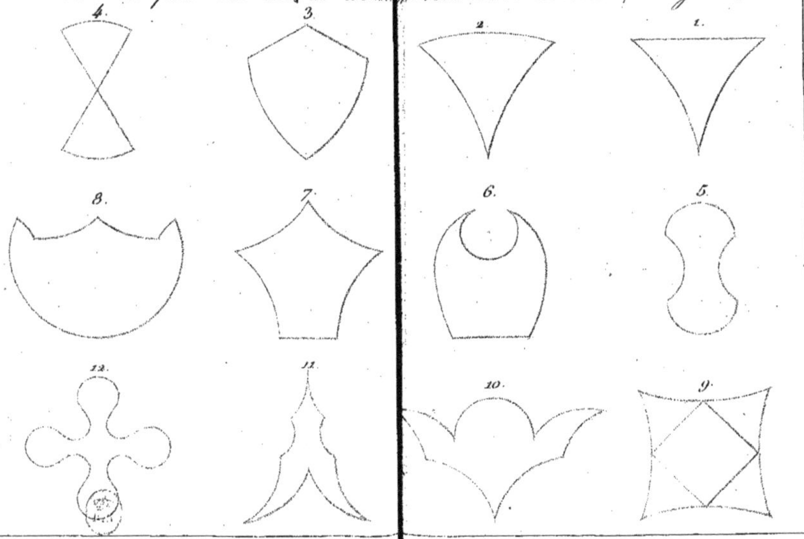

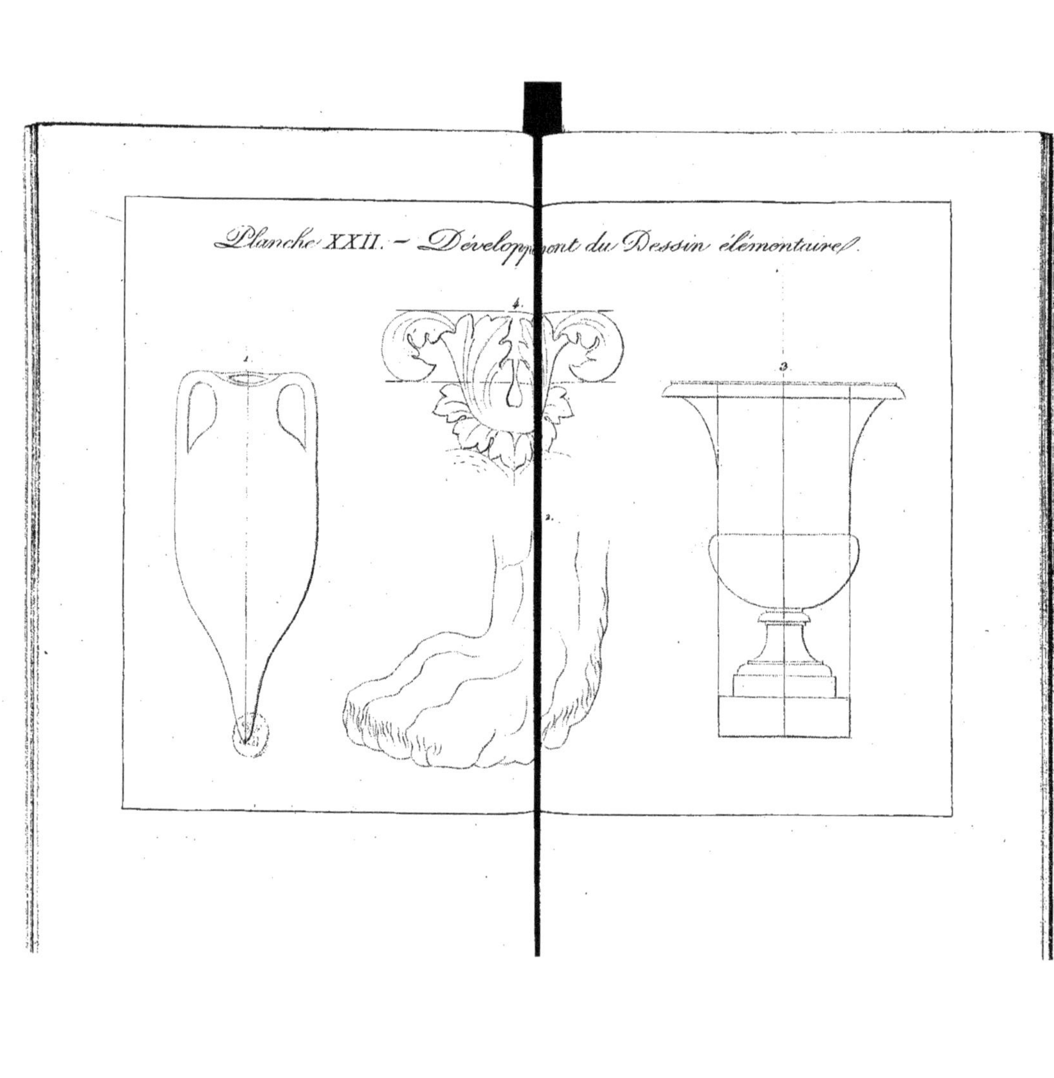

Planche XXII. — Développement du Dessin élémentaire.

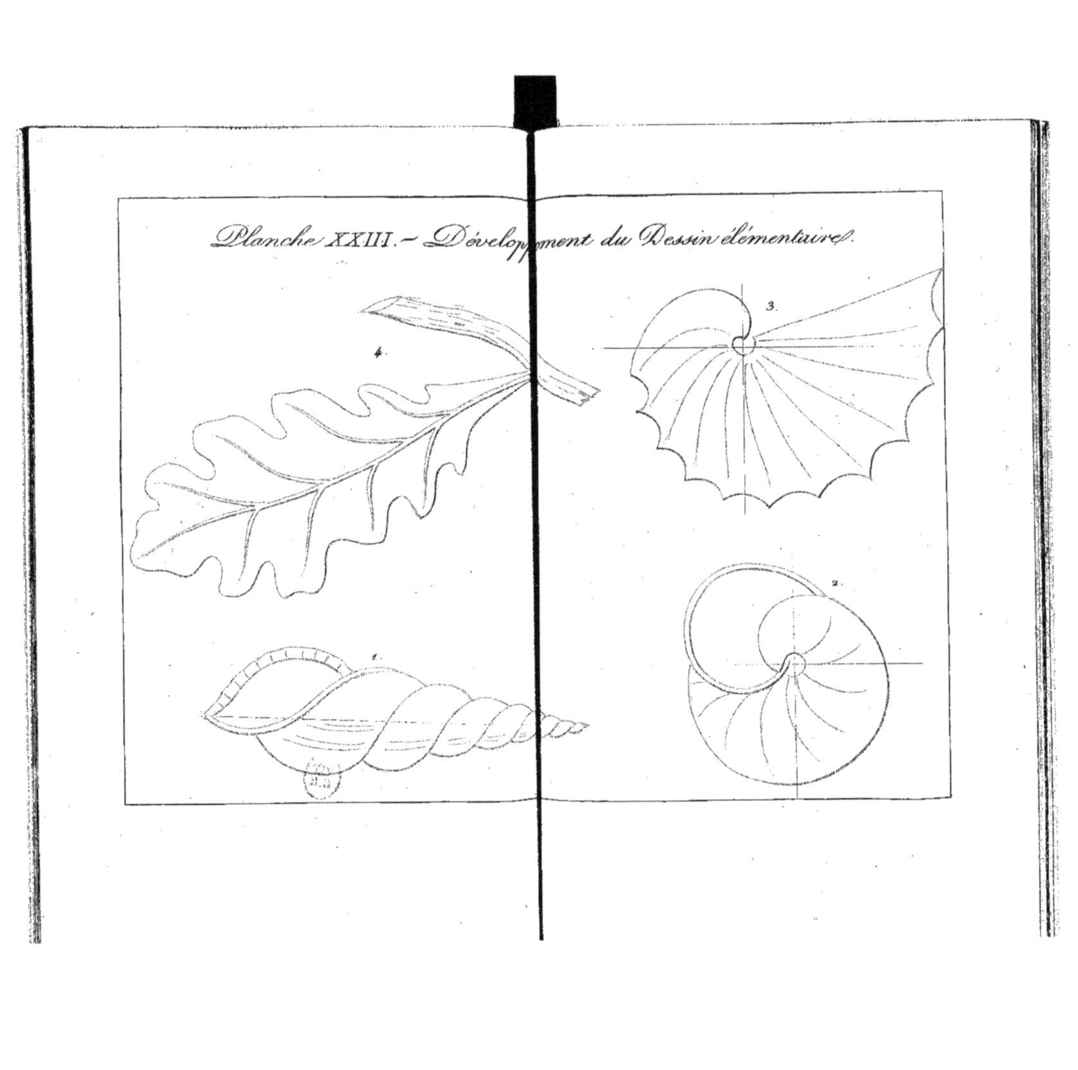
Planche XXIII. – Développment du Dessin élémentaire.

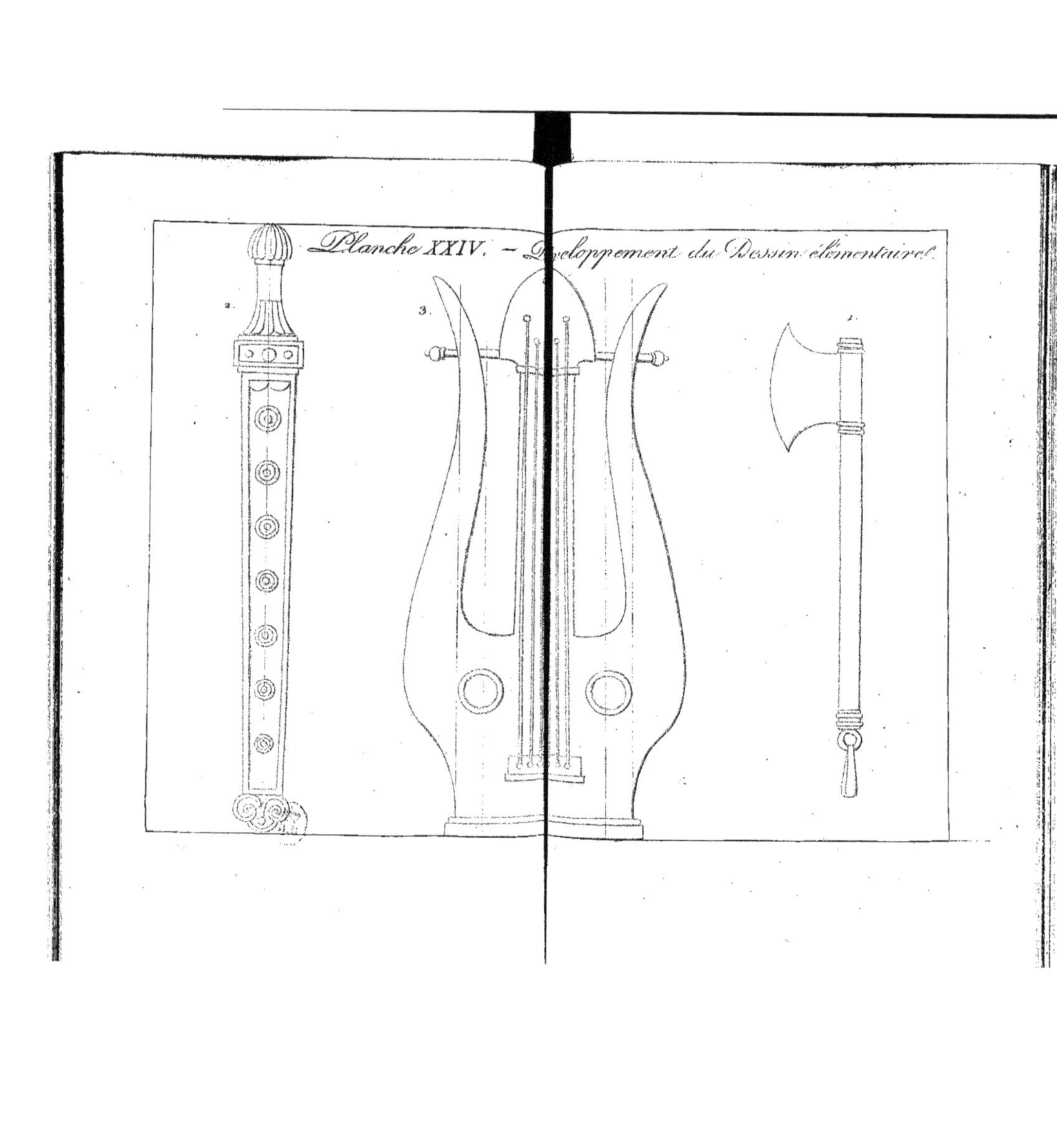

Planche XXIV. — Développement du Dessin élémentaire.
2.
3.
1.

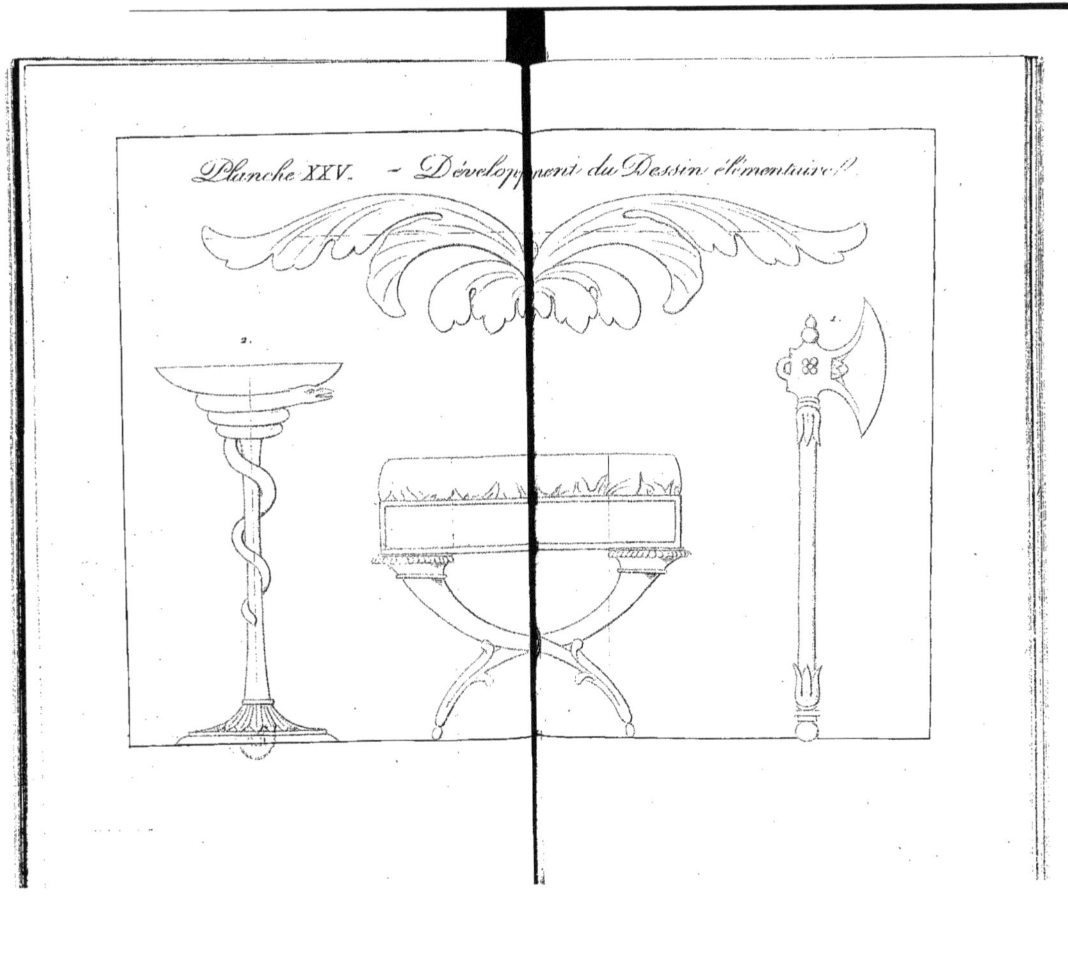

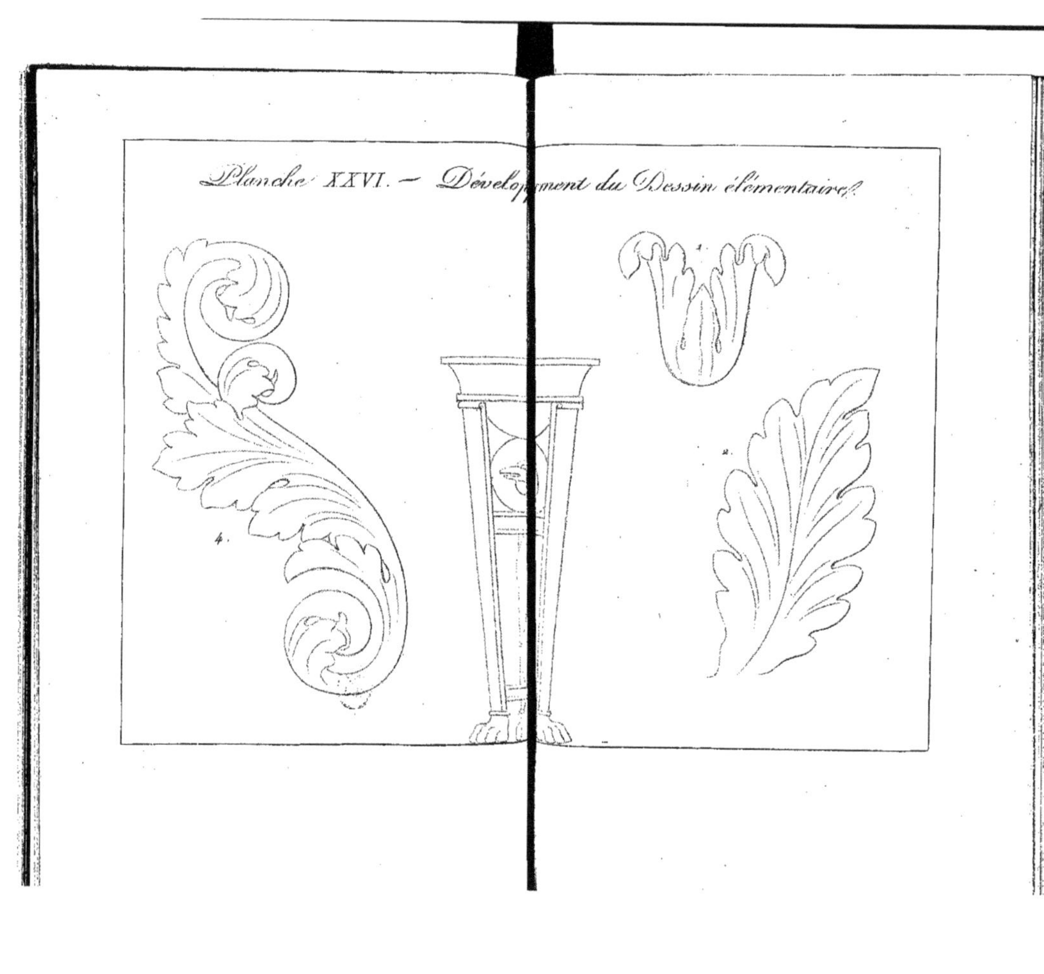
Planche XXVI. — Développement du Dessin élémentaire.

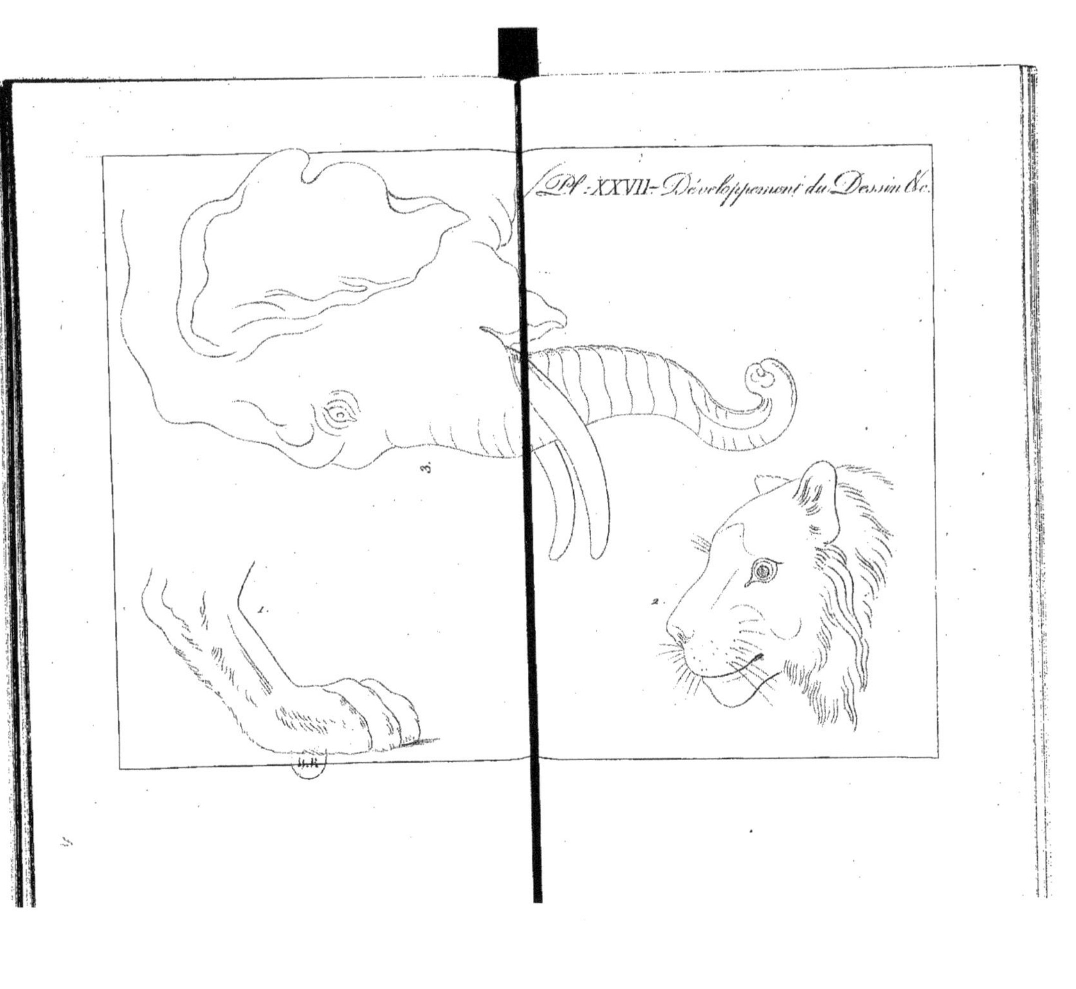

Pl. XXVII. Développement du Dessin &c.

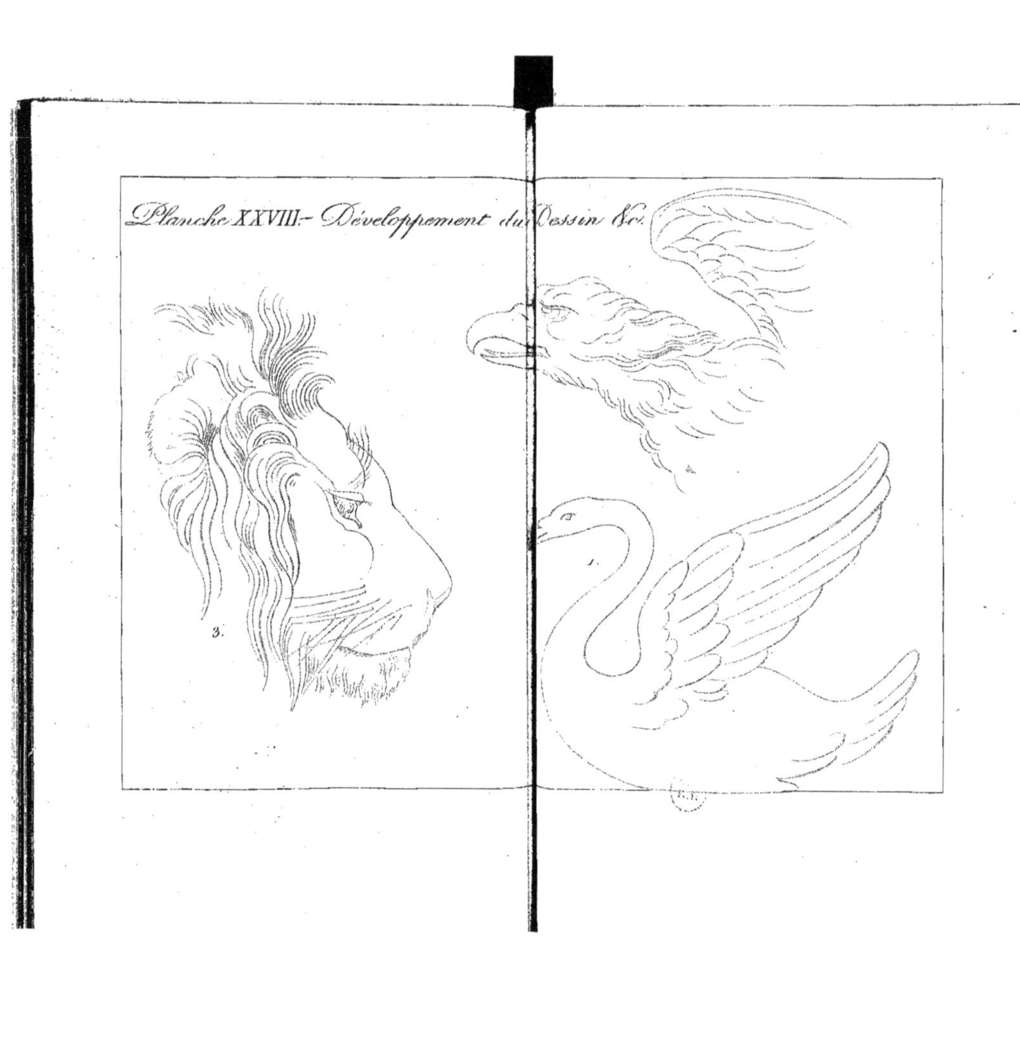

Planche XXVIII.- Développement du Dessin &c.
3.

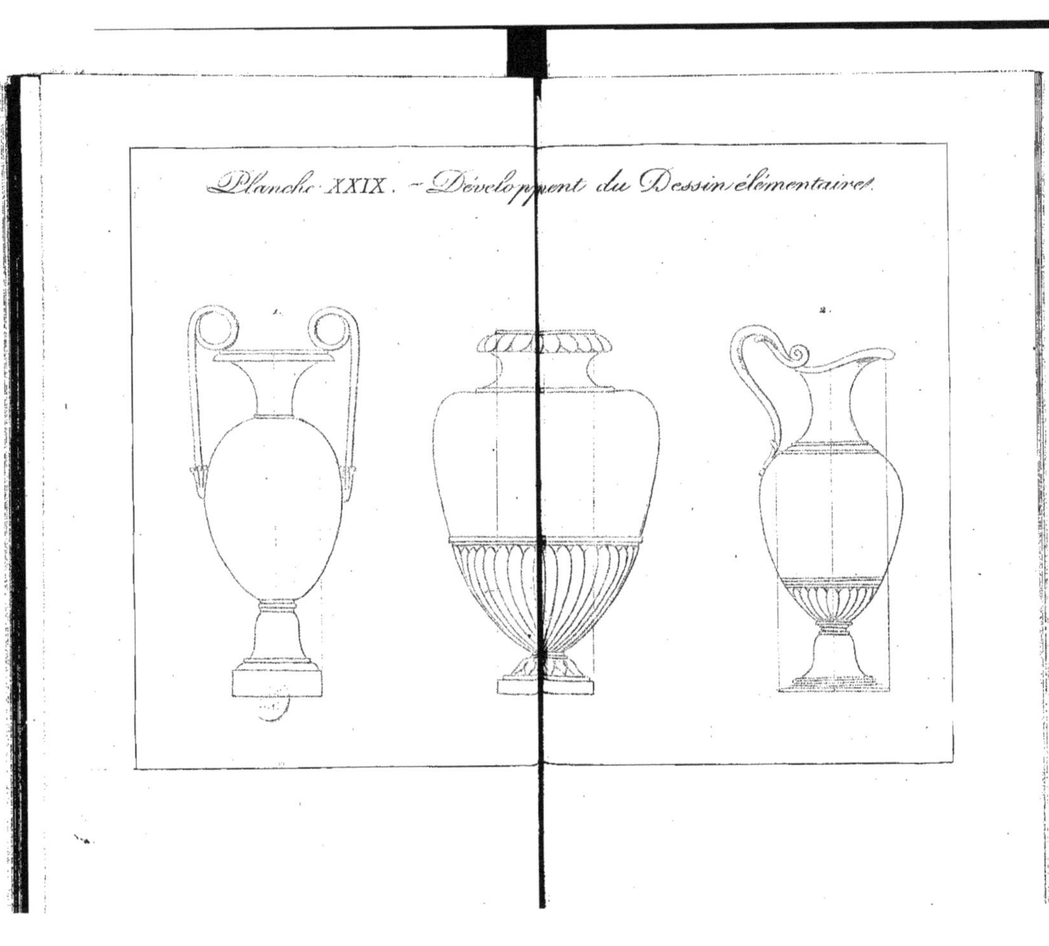

Planche XXIX. – Développement du Dessin élémentaire.

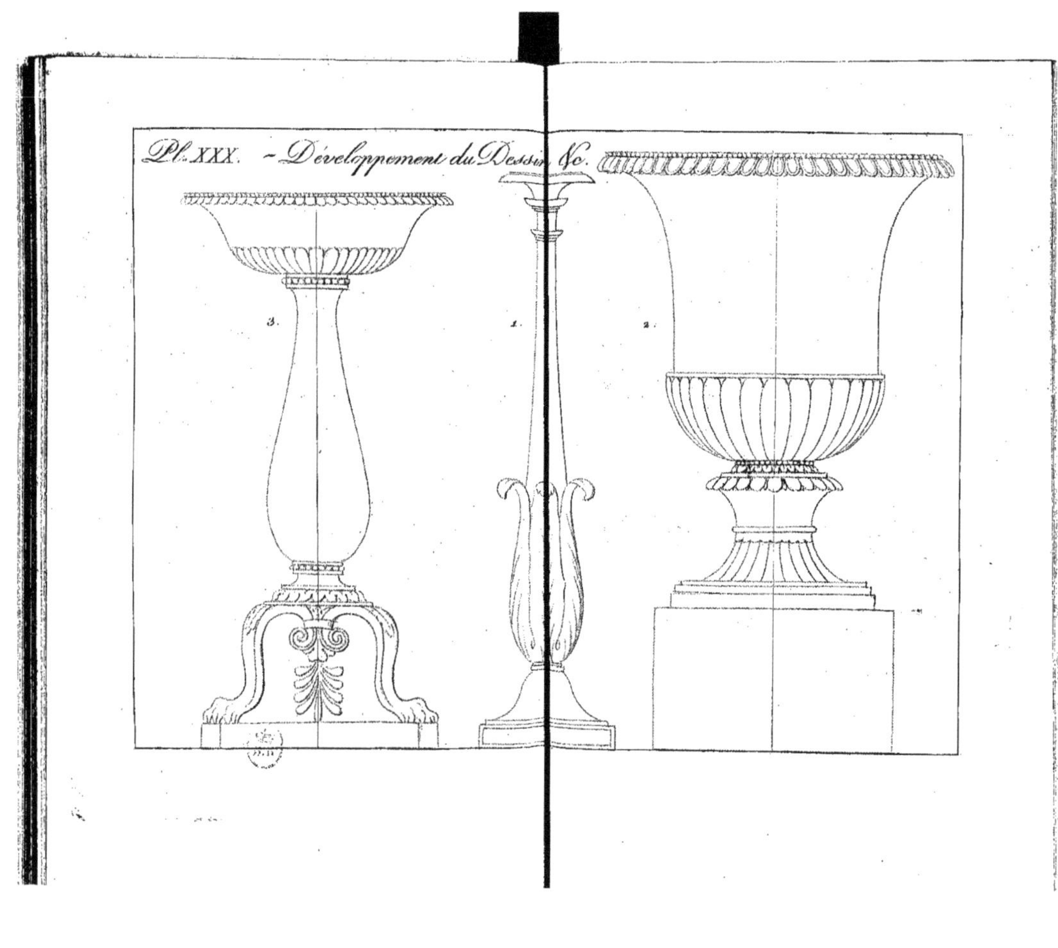
Pl. XXX. ~ Développement du Dessin &c.
3.
1.
2.

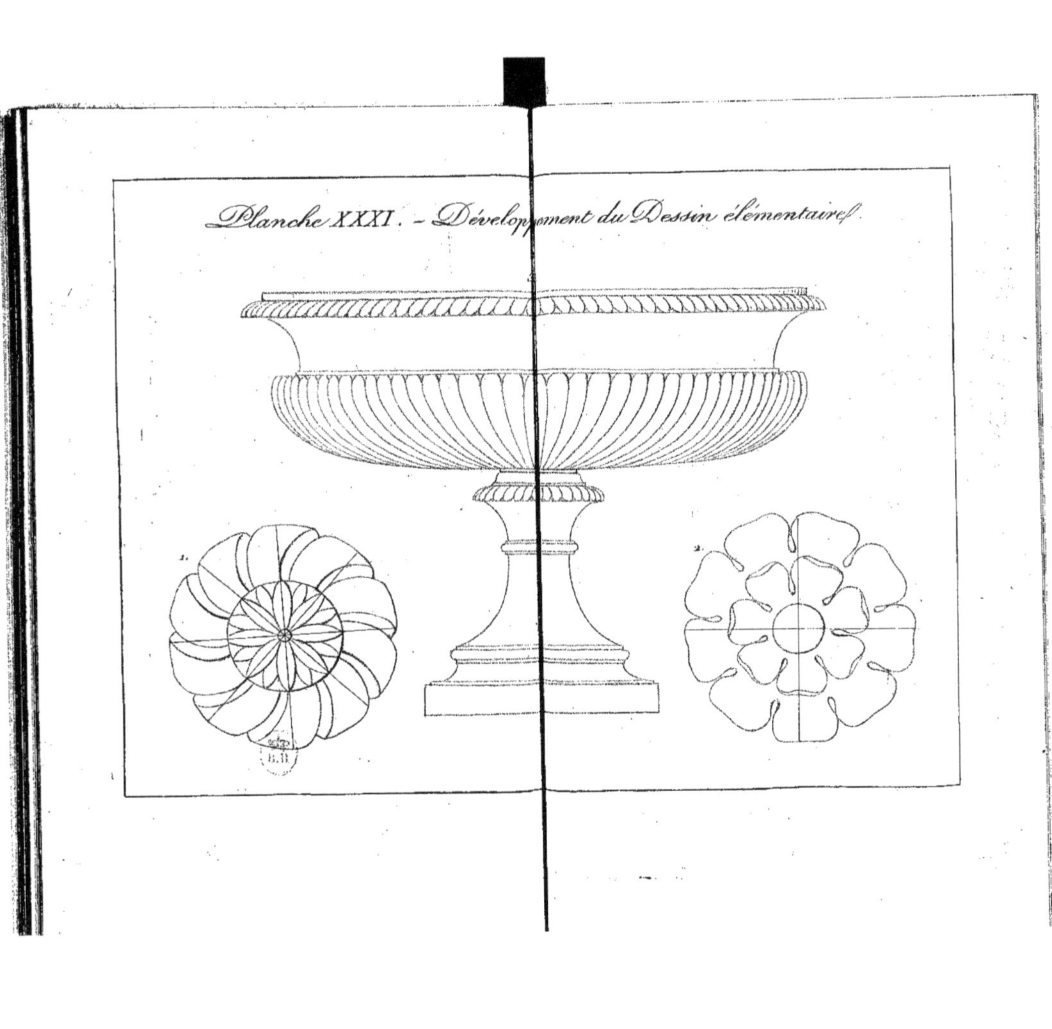

Planche XXXI. — Développement du Dessin élémentaire.

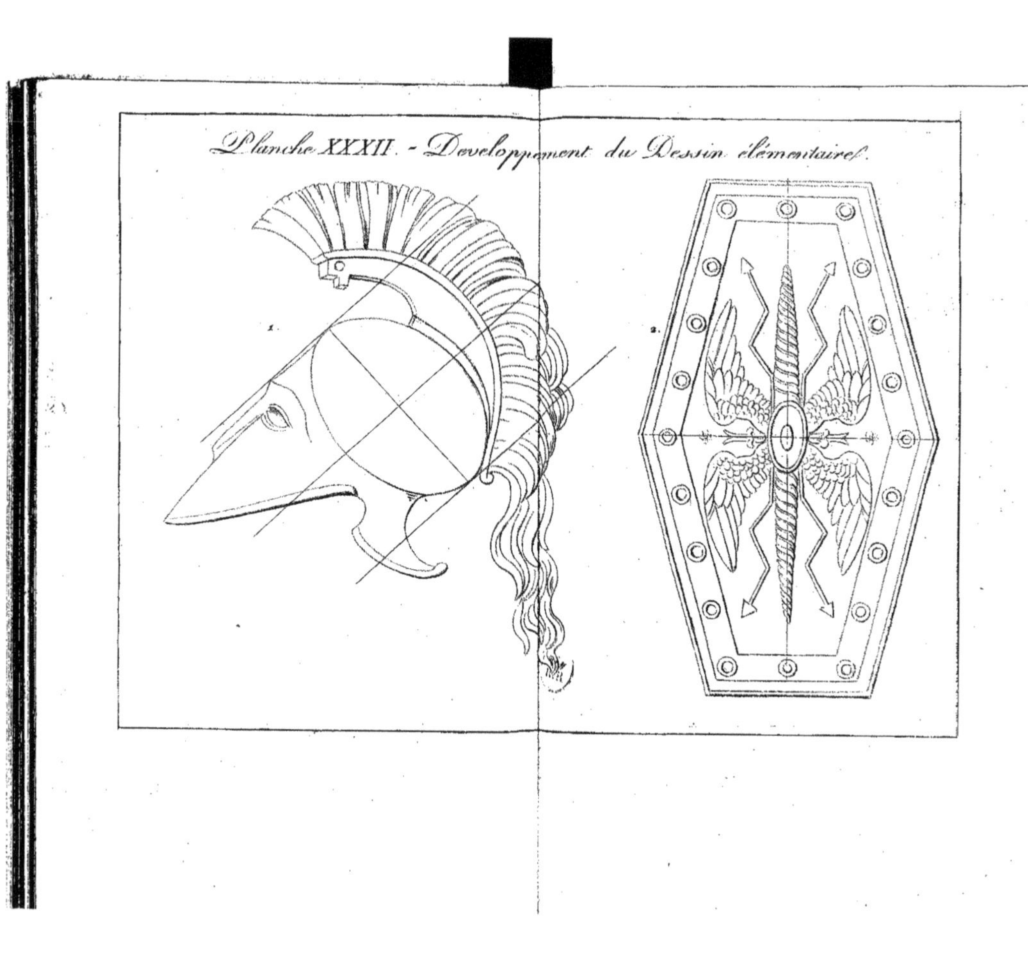

Planche XXXII. - Développement du Dessin élémentaire.

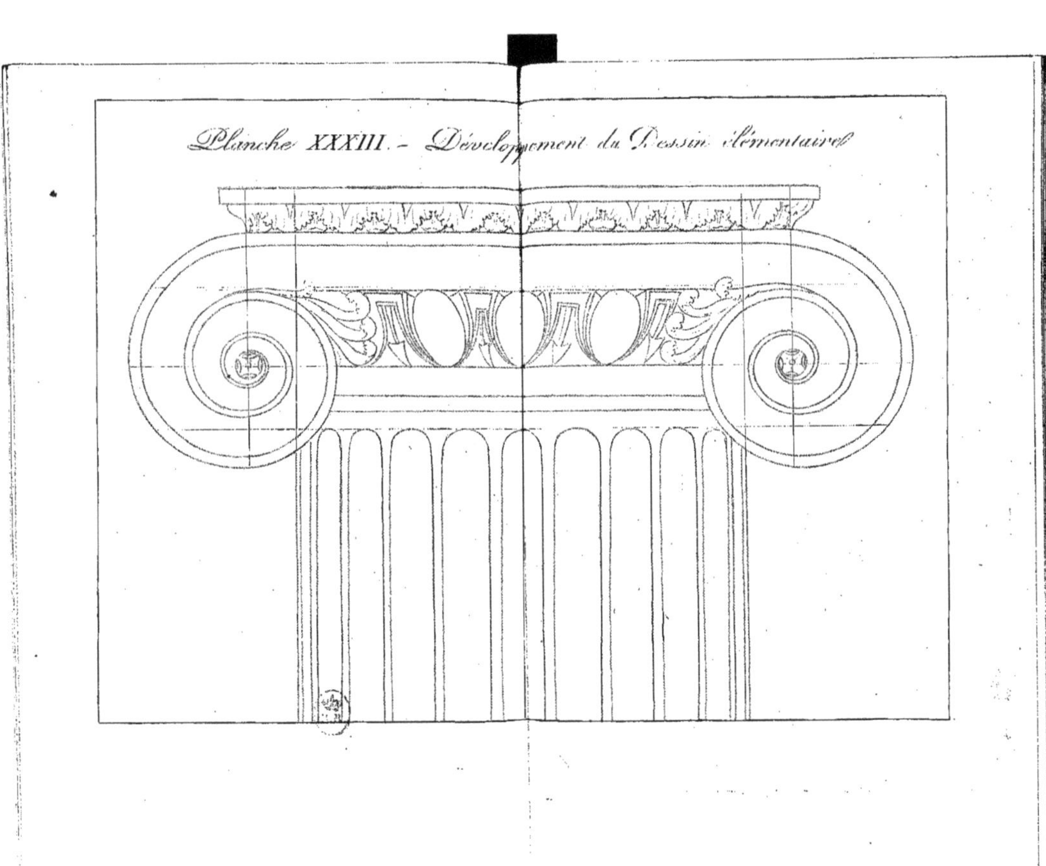

Planche XXXIII. – Développement du Dessin élémentaire

Fig. 1.
Fig. 2.
Fig. 3.
Fig. 4.
Fig. 5.
Fig. 6.
Fig. 7.

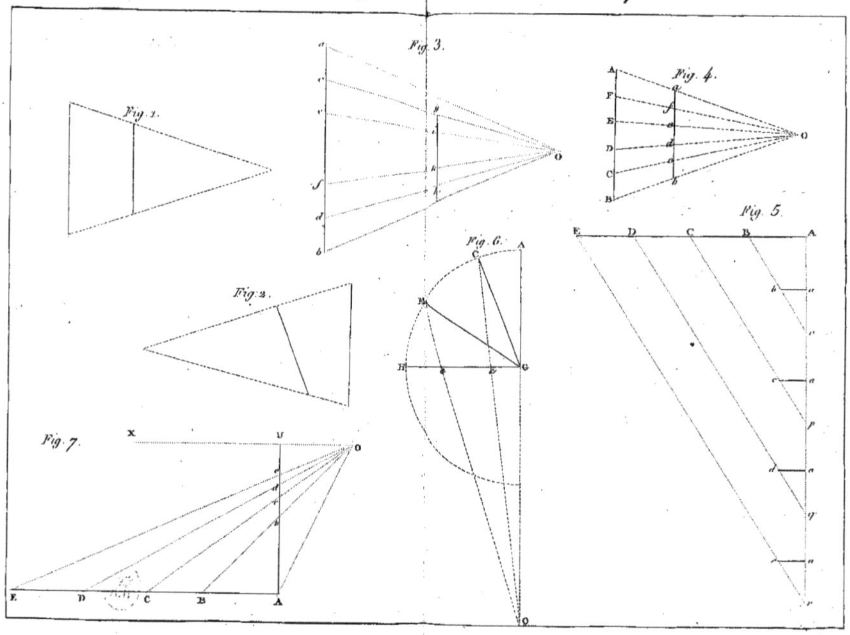

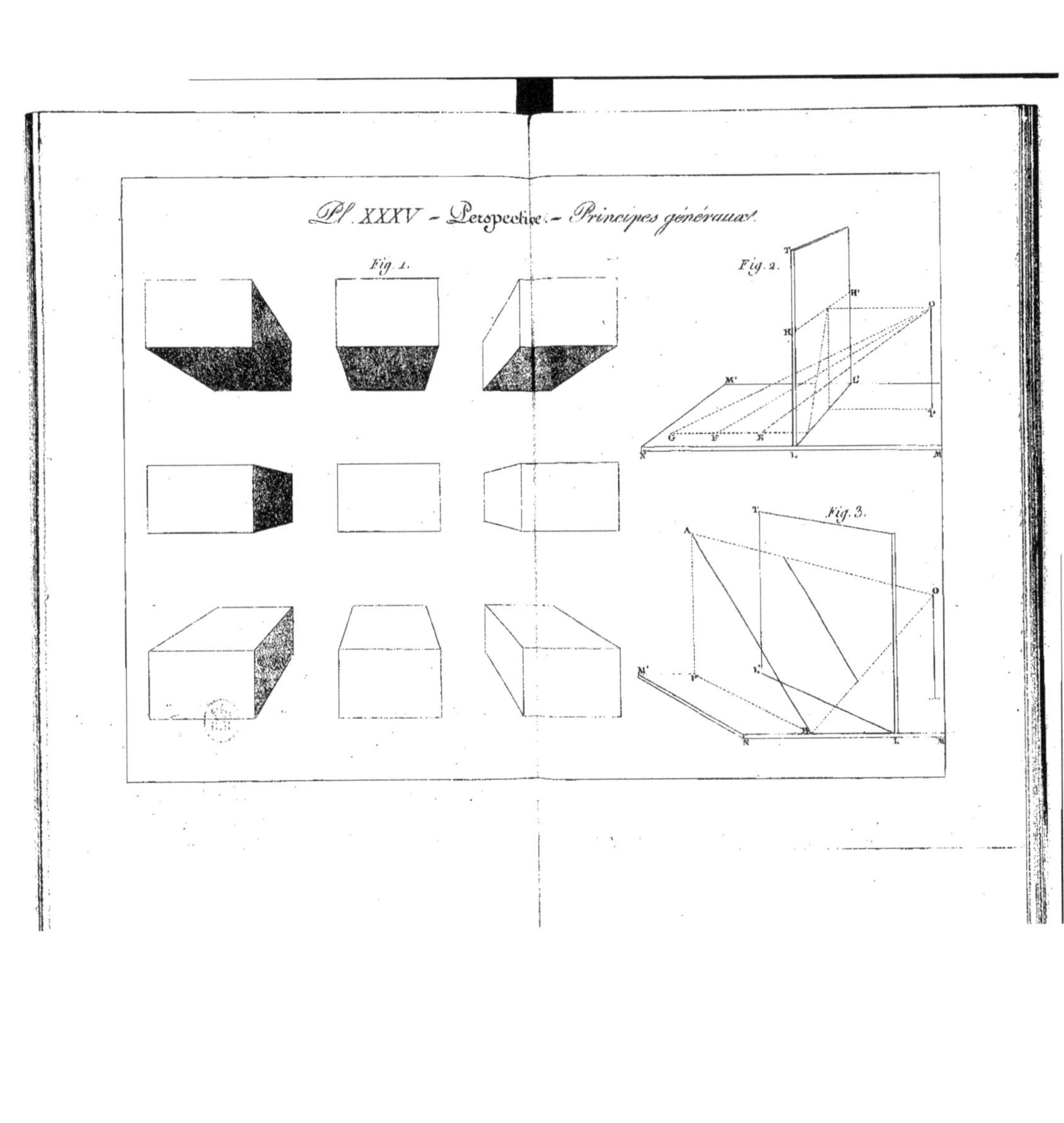

Pl. XXXV - Perspective - Principes généraux.
Fig. 1.
Fig. 2.
Fig. 3.

Pl. XXXVI. - Perspective - Principes généraux.
Fig. 1.
Fig. 2.
Fig. 3.
Fig. 4.
Fig. 5.
Fig. 6.

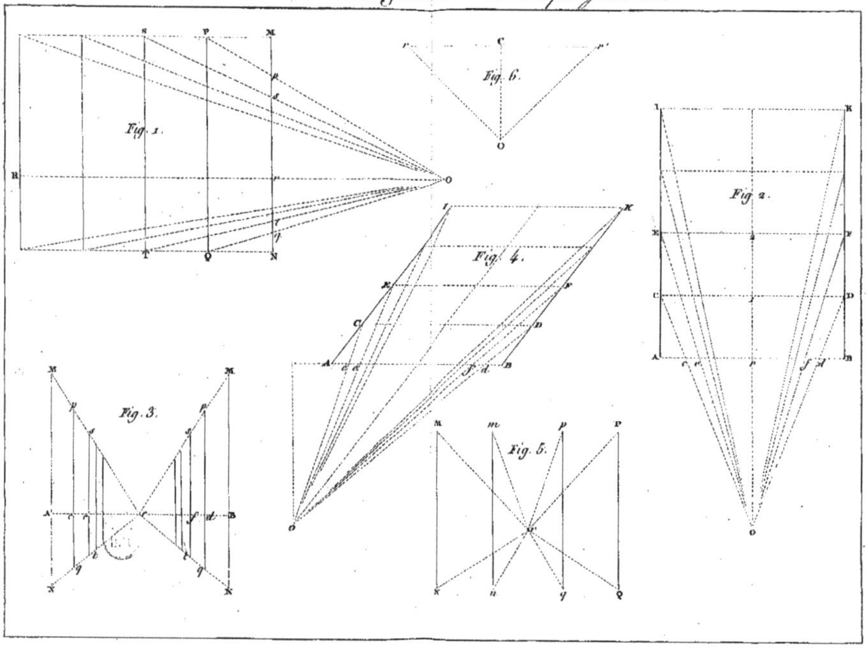

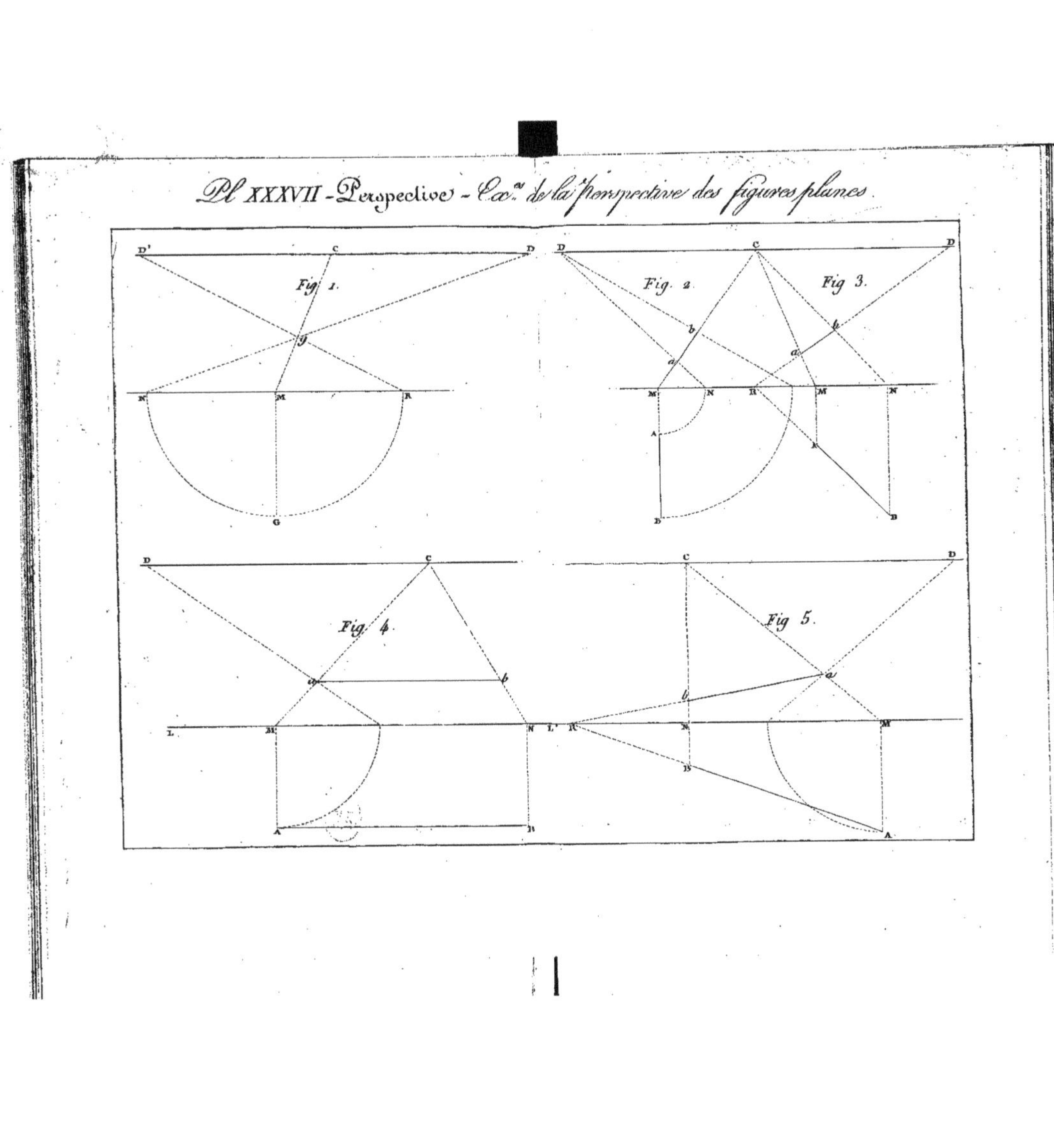
Fig. 1.
Fig. 2.
Fig. 3.
Fig. 4.
Fig. 5.

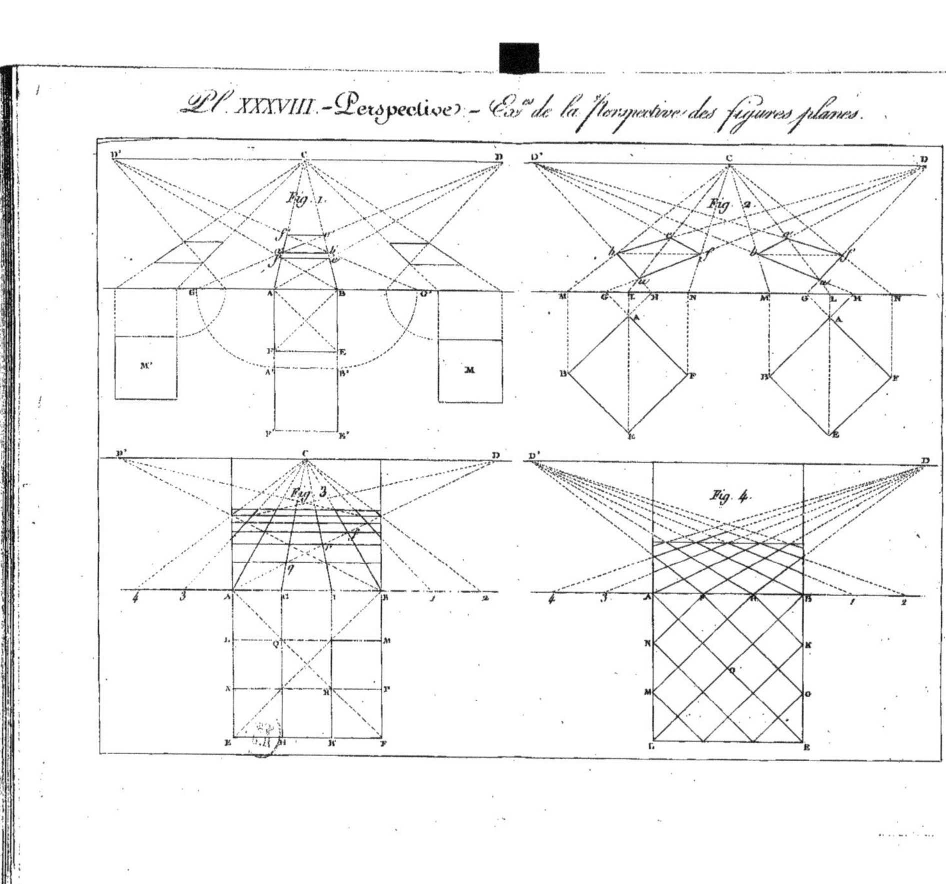

Pl. XXXVIII. - Perspective - Ex.ᵉˢ de la Perspective des figures planes.

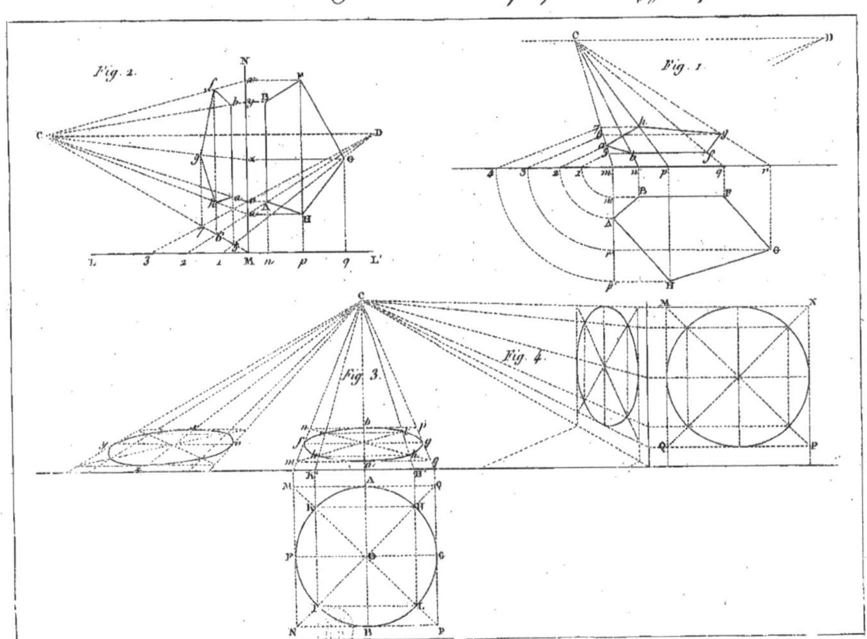
Fig. 2.
Fig. 1.
Fig. 3.
Fig. 4.

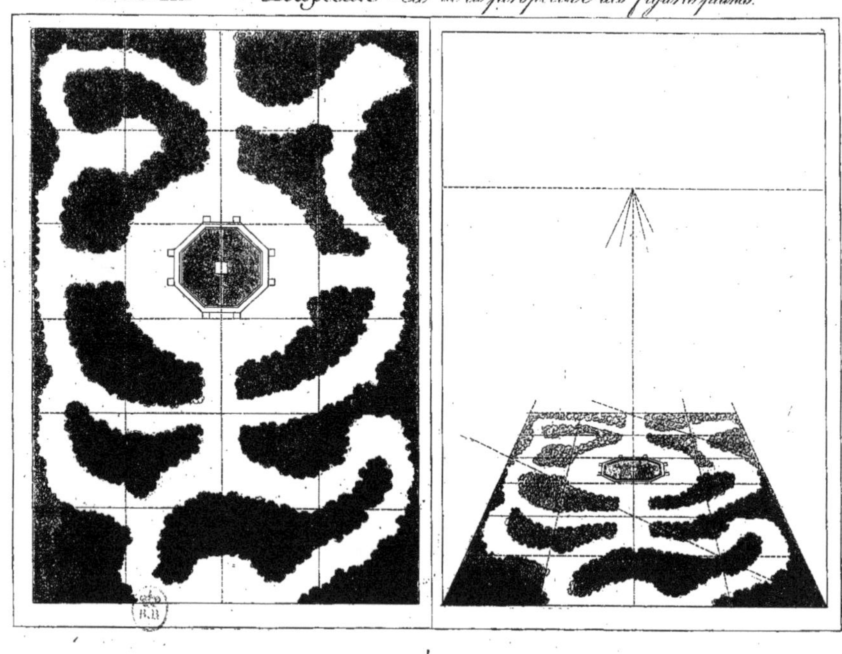

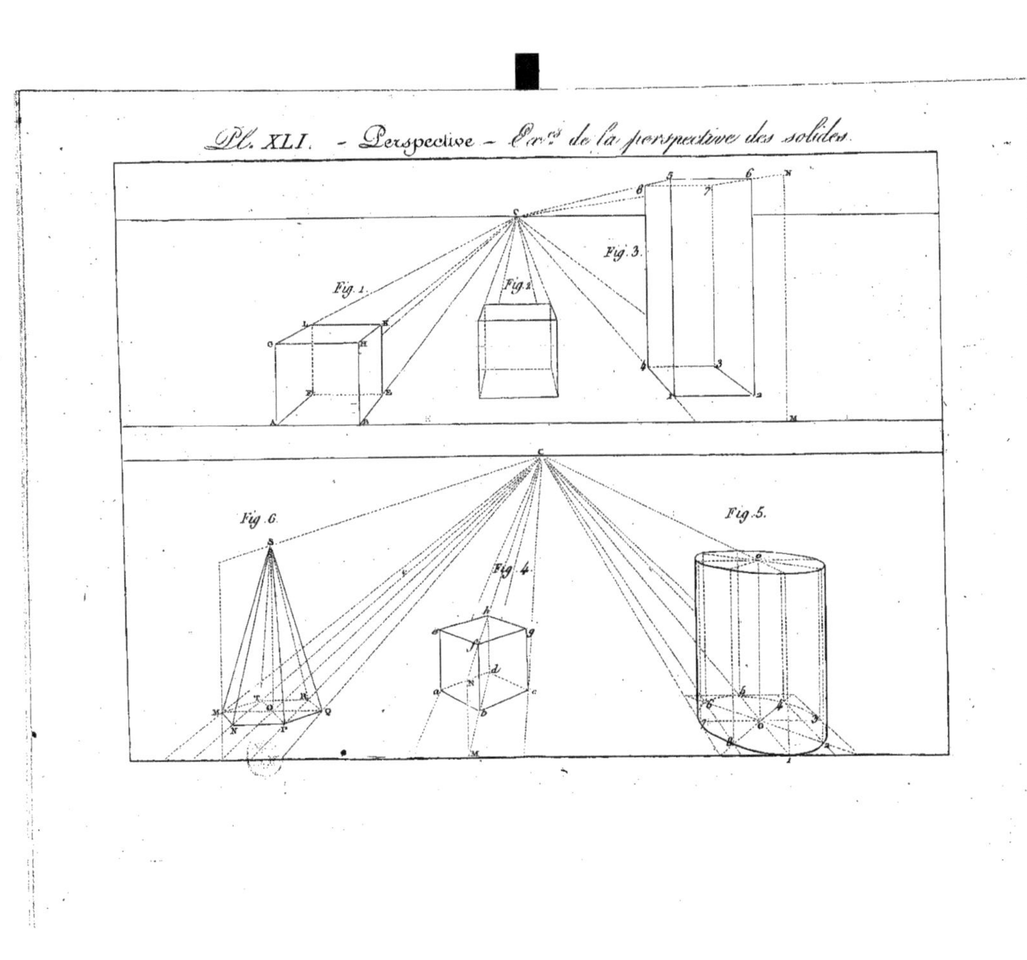

Pl. XLI. — Perspective — Er.ⁿˢ de la perspective des solides.
Fig. 1.
Fig. 2.
Fig. 3.
Fig. 4.
Fig. 5.
Fig. 6.

Pl. XLII. - Perspective - Ex.ᵗⁱ de la perspective des solides.

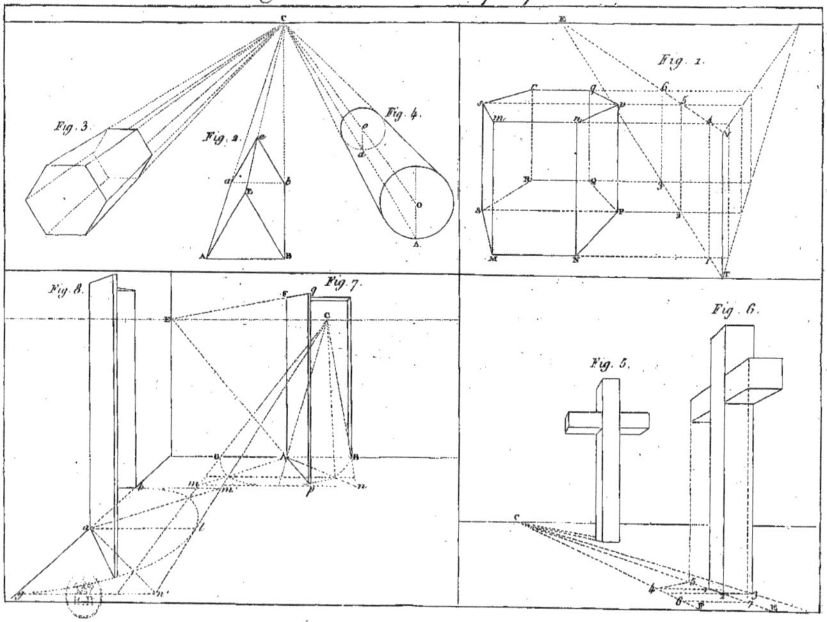

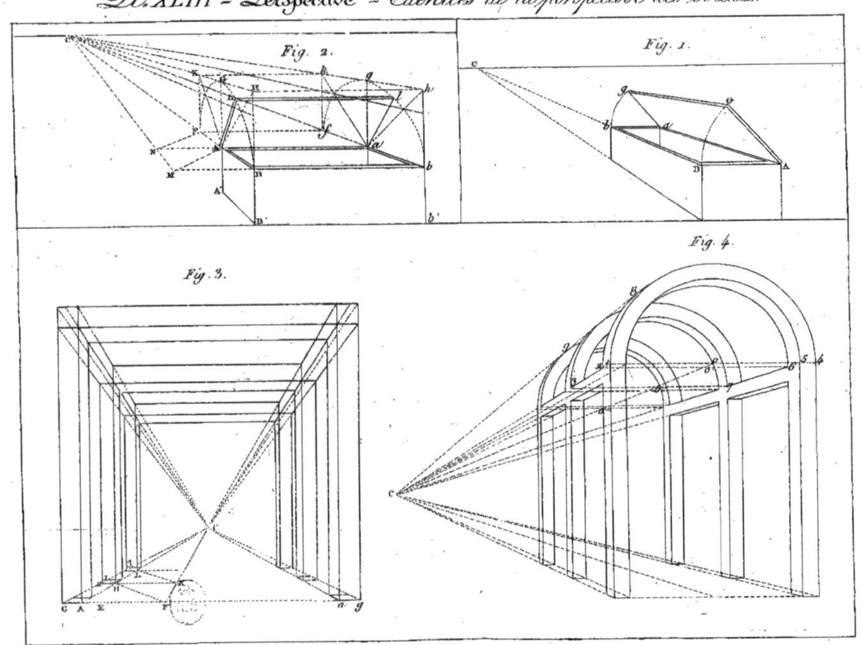

Pl. XLIII - Perspective - Exercices de la perspective des solides.
Fig. 2.
Fig. 1.
Fig. 3.
Fig. 4.

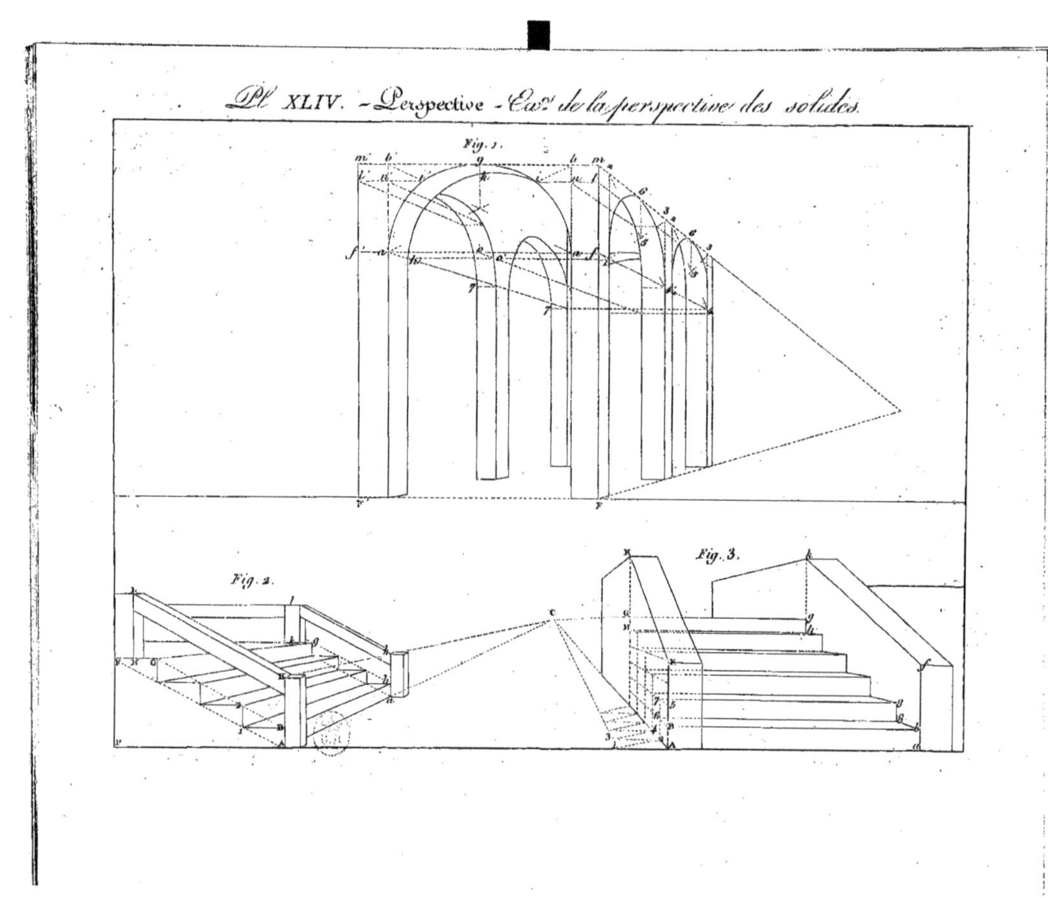

Pl. XLIV. — Perspective — Ex.ce de la perspective des solides.
Fig. 1.
Fig. 2.
Fig. 3.

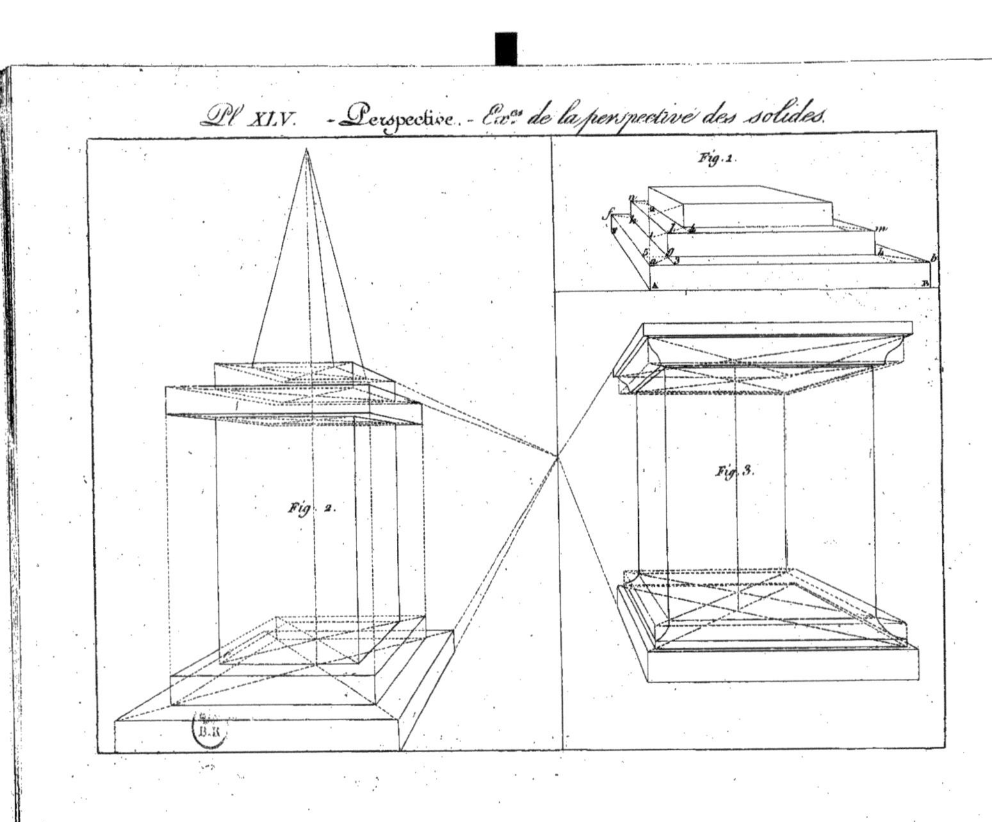

Pl. XLV. - Perspective. - Ex.ce de la perspective des solides.
Fig. 1.
Fig. 2.
Fig. 3.
B.R.

Pl. XLVI. – Perspective.

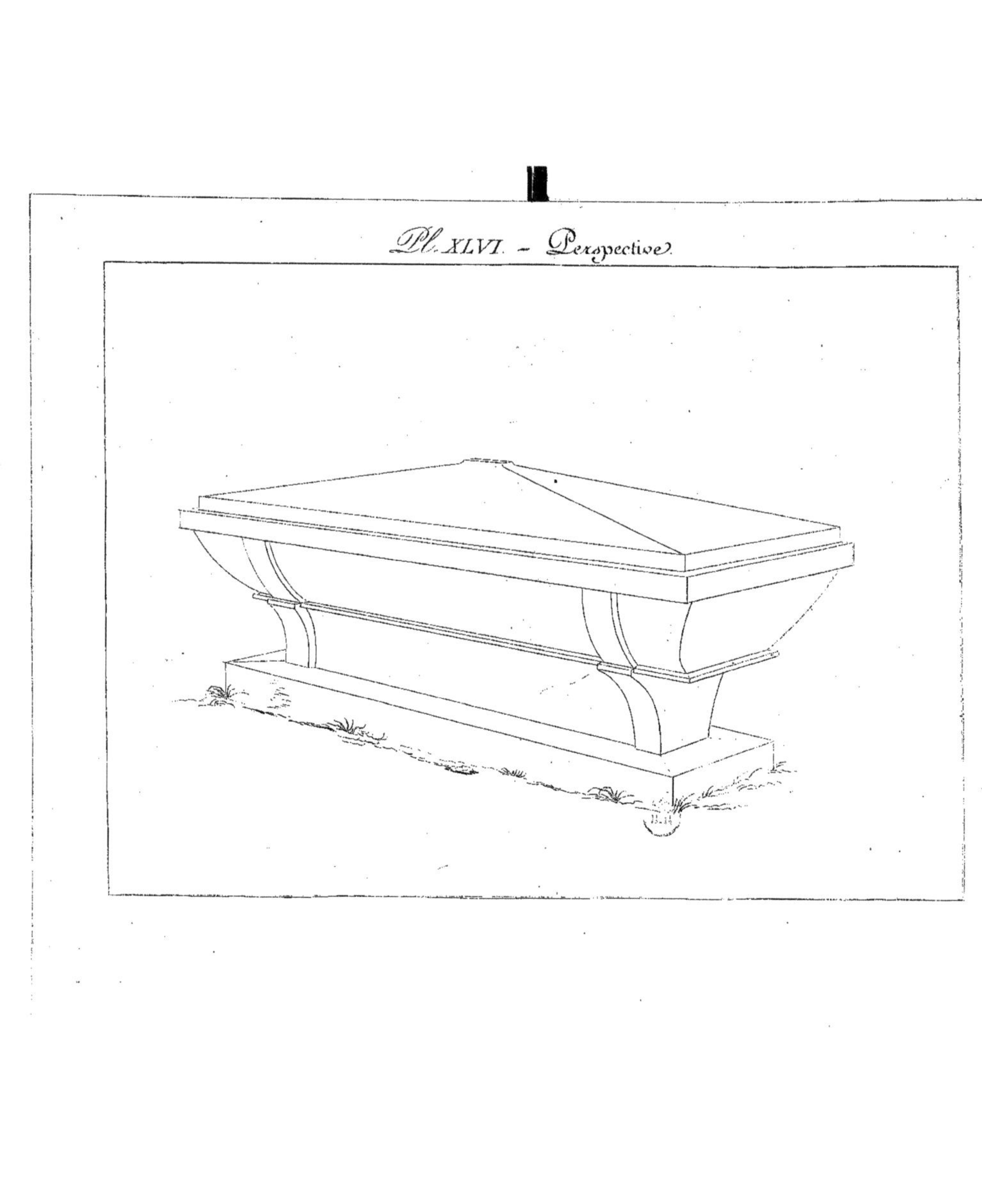

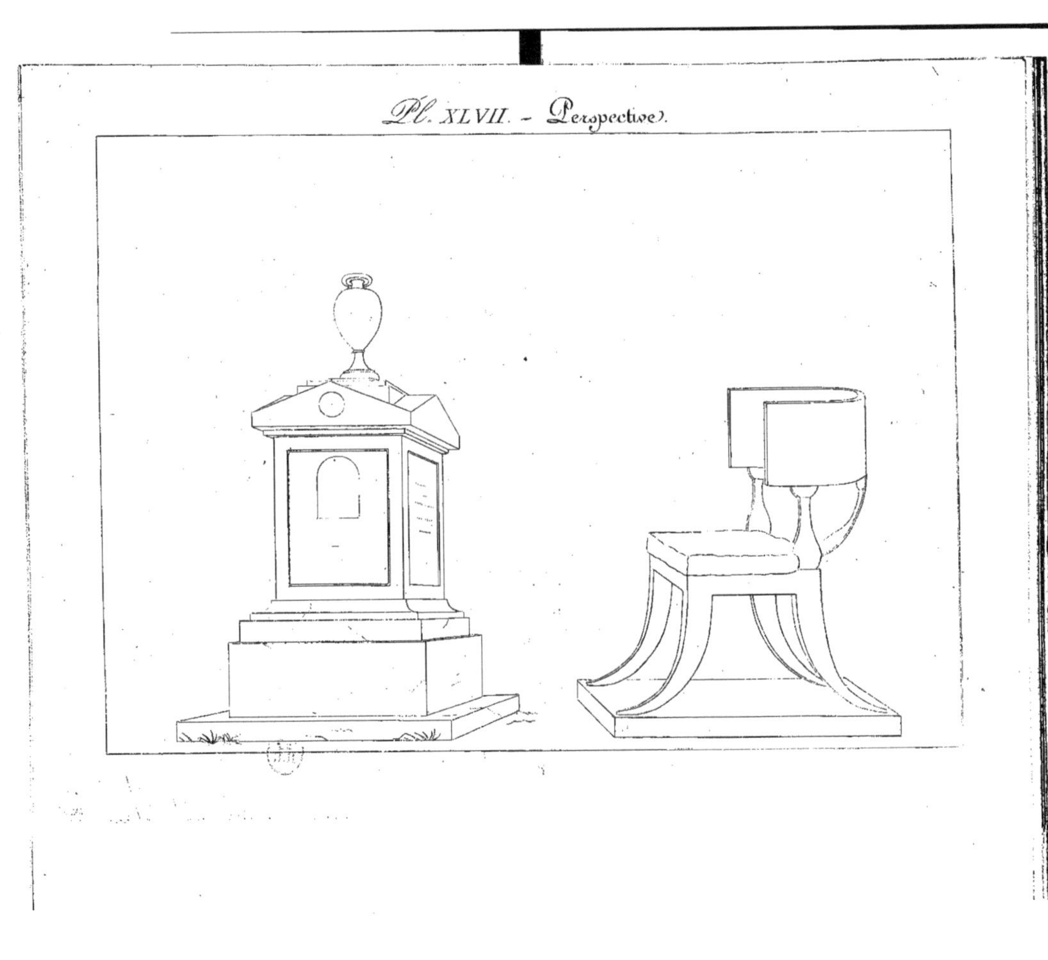

Pl. XLVII. - Perspective.

Pl. XLVIII. - Perspective

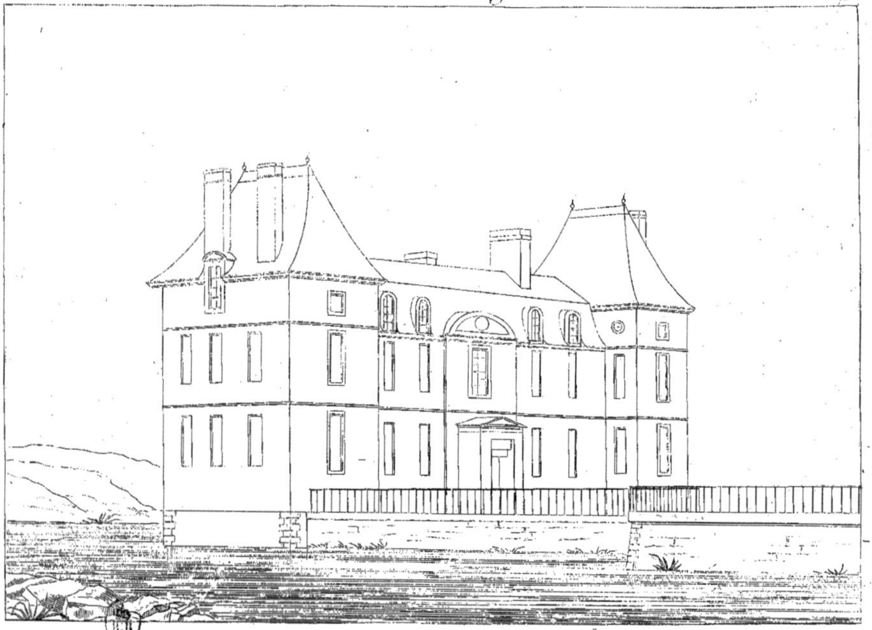

Pl. XLIX.
Ombres.
Fig.1.er Ombre d'un Cube.
Fig.2
Ombre d'un avant corps orné de moulures.
Fig.3
Ombre d'un Listel.
Fig.4
Ombre d'un talon.
Fig.5
Ombre d'une niche à voûte sphérique.
Fig.6
Ombre d'une base de colonne.

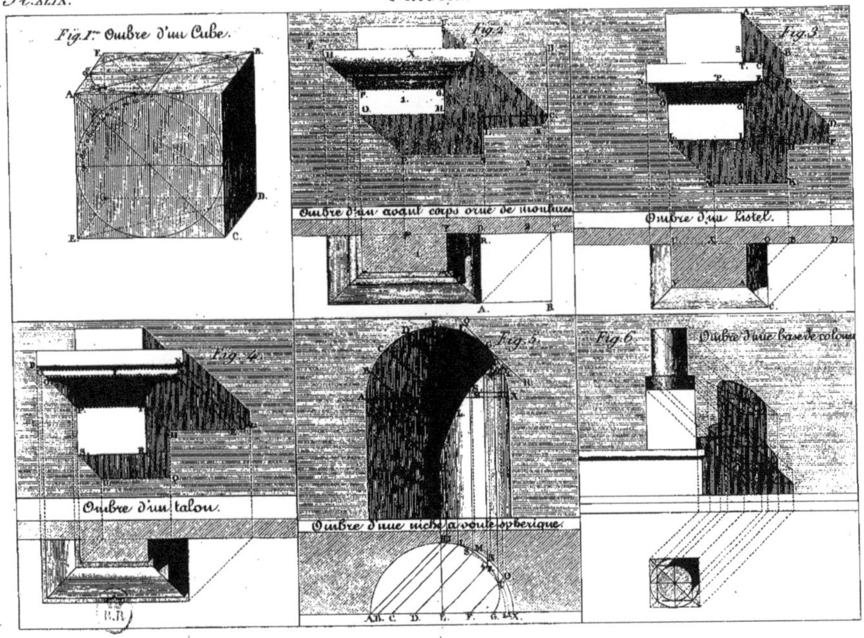

Ombres.

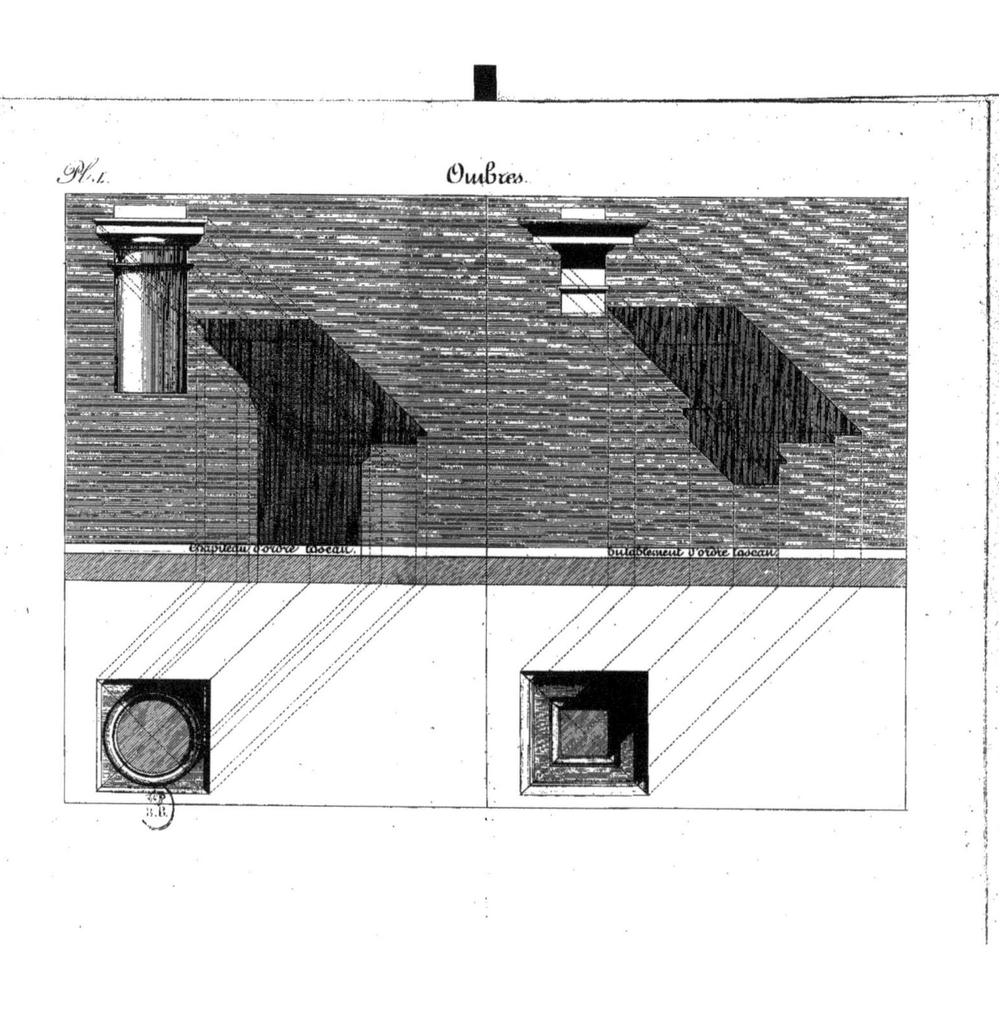

www.ingramcontent.com/pod-product-compliance
Ingram Content Group UK Ltd.
Pitfield, Milton Keynes, MK11 3LW, UK
UKHW021000220726
13924UKWH00002B/813